MISS JULIE

DRAMÂU'R BYD
Golygydd: William Lewis

MISS JULIE

AUGUST STRINDBERG

Cyfieithwyd gan
GLENDA CARR a MICHAEL BURNS

CYHOEDDIR AR RAN CYNGOR Y CELFYDDYDAU GAN
WASG PRIFYSGOL CYMRU
1991

© PRIFYSGOL CYMRU A CHYNGOR Y CELFYDDYDAU ℗ 1990

Manylion Catalogio Cyhoeddi *(CIP)* y Llyfrgell Brydeinig
Strindberg, August 1849-1912
    Miss Julie — (Dramâu'r Byd)
    1. Drama Swedeg
    I. Teitl II. Froken Julie. Cymraeg
    839.726

ISBN 0-7083-1105-9

Cyfieithwyd y manylion catalogio cyhoeddi gan y cyhoeddwyr

Cedwir pob hawl. Ni cheir atgynhyrchu unrhyw ran o'r cyhoeddiad hwn na'i gadw mewn cyfundrefn adferadwy na'i drosglwyddo mewn unrhyw ddull na thrwy unrhyw gyfrwng electronig, mecanyddol, ffoto-gopïo, recordio, nac fel arall, heb ganiatâd ymlaen llaw gan Wasg Prifysgol Cymru, 6 Stryd Gwennyth, Caerdydd CF2 4YD.

RHAID CAEL CANIATÂD GAN WASG PRIFYSGOL CYMRU CYN PERFFORMIO'R DDRAMA HON.

Llun y clawr trwy ganiatâd The Mansell Collection Limited

Dymuna'r cyhoeddwyr gydnabod cyfarwyddyd a chymorth Adran Ddylunio'r Cyngor Llyfrau.

Cysodwyd gan Stiwdio Mei, Penygroes, Gwynedd
Argraffwyd gan Wasg John Penry, Abertawe
Cynllun y clawr gan Ruth Evans

CYNNWYS

Tudalen

CRONOLEG A CHYFLWYNIAD I'R DDRAMA vii

RHAGAIR STRINDBERG I *MISS JULIE* ix

TESTUN 1

JOHAN AUGUST STRINDBERG
CRONOLEG A CHYFLWYNIAD I'R DDRAMA

1849	22 Ionawr. Ganwyd yn Stockholm, Sweden, yn bedwerydd plentyn i farsiandïwr llongau a'r wraig a fuasai'n forwyn iddo.
1853	Ei dad yn mynd yn fethdalwr.
1862	Marwolaeth ei fam. Ymhen blwyddyn priododd ei dad â'r wraig a oedd yn cadw tŷ iddo.
1867	Strindberg yn mynd i Brifysgol Uppsala a'i fryd ar fod yn feddyg.
1869	Methu'r arholiadau cyntaf, gadael y Brifysgol, a throi heb fawr o lwyddiant at waith actio. Ysgrifennu ei ddramâu cyntaf: *Anrheg Penblwydd* ac *Y Rhyddfeddyliwr*.
1870	Dychwelyd i Brifysgol Uppsala i astudio ieithoedd modern a gwyddor gwleidyddiaeth y tro hwn. Llwyfannu ei ddrama *Yn Rhufain* am gyfnod byr yn y Theatr Frenhinol, Stockholm.
1872	Ymgais aflwyddiannus arall i fod yn actor. Ysgrifennu ei ddrama gyntaf o bwys, *Meistr Oloff*, ond ni pherfformir mohoni am naw mlynedd.
1872-82	Gweithio fel newyddiadurwr yn gyntaf, ac yna fel llyfrgellydd.
1877	Priodi actores o'r Ffindir — Siri von Essen.
1879	Ysgrifennu nofel hunangofiannol — *Yr Ystafell Goch*.
1880-2	Ysgrifennu gweithiau rhyddiaith hanesyddol a lled-hanesyddol. Ymosodiadau chwyrn ar ei lyfr *Y Deyrnas Newydd*.
1883-9	Byw mewn gwahanol fannau yn Ffrainc, y Swistir, yr Almaen a Denmarc. Llwyddiant ym myd y ddrama o'r diwedd â'i nawfed drama, *Taith Pedr Lwcus*.
1884	Cyhoeddi cyfrol o straeon byrion, *Priodas;* cael ei erlyn am gabledd. Dychwelyd i Sweden i sefyll ei brawf ond ei gael yn ddieuog.
1886	Ysgrifennu nofel am ei blentyndod, *Mab Morwyn*.
1887	Ysgrifennu *Y Tad*, a gafodd rywfaint o lwyddiant yn Nenmarc ond fawr ddim yn Sweden. Ysgrifennu nofel am gefn gwlad, *Pobl Hemsö*, ac (yn Ffrangeg) *Apologia Ffŵl*, sef hanes ei briodas.
1888	Llwyfannu *Y Tad* ym Merlin yn dod â Strindberg i sylw'r cyhoedd yn yr Almaen. Ysgrifennu *Miss Julie* a *Dyledwyr* yn Nenmarc. Ymosodiadau ar yr 'anfoesoldeb' yn *Miss Julie*.
1889	Cychwyn theatr arbrofol ei hun yn Nenmarc. Llwyfannu *Miss Julie* a *Dyledwyr* yno, ond y ddwy ddrama'n methu a'r theatr yn mynd yn

1891	fethdalwr. Strindberg yn dychwelyd i Sweden. Ei briodas â Siri yn chwalu. Ysgaru.
1892	Ysgrifennu *Chwarae â Thân* ac *Y Bond*. Mynd i fyw i'r Almaen.
1893	Priodi Frida Uhl, newyddiadurwraig o Awstria. Ymweld â Lloegr.
1894	Gadael Frida a mynd i fyw i Baris. *Dyledwyr* ac *Y Tad* yn llwyddiant yno.
1894-6	Cyfnod o dlodi ym Mharis. Ymylu ar wallgofrwydd.
1896	Ei gyflwr meddyliol yn gwella. Dychwelyd i Sweden.
1897	Ysgrifennu *Inferno* yn Ffrangeg, disgrifiad o'i argyfwng meddyliol.
1898	Ysgrifennu'r rhannau cyntaf yn ei gyfres o dair drama *I Ddamascus*.
1898-1909	Ysgrifennu pymtheg ar hugain o ddramâu mewn un mlynedd ar ddeg.
1899	Ysgrifennu *Mae Troseddau a Throseddau* ac *Erik y Pedwerydd ar Ddeg*.
1900	Ysgrifennu *Y Pasg* a *Dawns Angau*, Rhannau 1 a 2.
1901	Ysgrifennu *Drama Freuddwyd* a thrydedd ran *I Ddamascus*. Priodi Harriet Bosse, actores o Norwy, a oedd naw mlynedd ar hugain yn iau nag ef. Y mae hi'n ei adael ymhen llai na blwyddyn.
1907	Sefydlu ei theatr bersonol ei hun yn Stockholm. Ysgrifennu pedair drama siambr ar ei chyfer: *Storm, Wedi'r Tân, Sonata Ddrychiolaeth, Y Pelican*.
1909	Ysgrifennu ei ddrama olaf — *Y Briffordd Fawr*.
1912	14 Mai. Marw yn dair a thrigain mlwydd oed o gancr yr ystumog.

RHAGAIR STRINDBERG I *MISS JULIE*

Y mae'r theatr wedi ymddangos i mi ers tro, yn yr un modd â chelfyddyd yn gyffredinol, fel *biblia pauperum:* Beibl a lluniau ynddo ar gyfer y sawl na fedr ddarllen y gair ysgrifenedig, a'r dramodydd yn bregethwr lleyg sydd yn pedlera syniadau'r oes mewn ffurf boblogaidd, ffurf mor boblogaidd nes bod y dosbarth canol, sydd gan mwyaf yn llunio cynulleidfa'r theatr, yn medru deall y dadleuon heb fawr o drafferth. Felly, y mae'r theatr bob amser wedi bod yn ysgol elfennol ar gyfer yr ieuainc, y lled-lythrennog a merched, sydd yn meddu ar y gynneddf gyntefig i'w twyllo eu hunain a chymryd eu twyllo, neu mewn geiriau eraill, i dderbyn y rhith ac i ymateb i awgrym yr awdur. Ac felly, yn y dyddiau hyn pan fo'r ffordd elfennol, anaeddfed o feddwl a gwyd o'r dychymyg fel petai'n symud tuag at fyfyrdod, ymholiad a dadansoddiad, y mae wedi fy nharo i fod y theatr, fel crefydd, ar fin cael ei bwrw o'r neilltu fel ffurf sydd ar drengi nad oes gennym mo'r amodau angenrheidiol i'w gwerthfawrogi.

Cefnogir y ddamcaniaeth hon gan yr argyfwng presennol yn y theatr sydd bellach yn effeithio ar Ewrop gyfan, ac yn enwedig gan y ffaith fod celfyddyd y ddrama, fel y rhan fwyaf o'r celfyddydau cain eraill, wedi marw yn y gwledydd diwylliedig hynny, sef Lloegr a'r Almaen, a gynhyrchodd feddylwyr mwyaf ein cyfnod.

Mewn gwledydd eraill tybid y gellid creu drama newydd drwy dywallt syniadau'r oes newydd i mewn i'r hen ffurfiau. Ond yn gyntaf, ni chafodd y syniadau newydd gyfle i ddod yn ddigon poblogaidd i'r cyhoedd fedru deall y dadleuon, ac yn ail y mae'r anghydfod rhwng y carfanau wedi ymfflamychu emosiynau i'r fath raddau fel nad oes modd cael mwynhad gwrthrychol gan fod rhywun wedi drysu cymaint a chan mai'r mwyafrif, â'u cymeradwyaeth a'u hisian, sy'n gorthrymu'r theatr yn gwbl agored. Ni lwyddwyd, ychwaith, i gael gafael ar ffurf newydd ar gyfer y cynnwys newydd, ac o'r herwydd y mae'r gwin newydd wedi dryllio'r hen gostrelau.

Mewn dramâu blaenorol ni cheisiais wneud unrhyw beth newydd — y mae hynny'n amhosibl — heblaw moderneiddio'r ffurf yn ôl y gofynion yr ystyriwn i y byddai pobl newydd heddiw yn eu gwneud ar y gelfyddyd. I'r diben hwn y dewisais thema (neu, yn hytrach, fe'm daliwyd gan thema) y gellid dweud ei bod y tu allan i ddadleuon carfanau'r dydd. Y mae problem dyrchafiad a chwymp cymdeithasol, boed uwch neu is, boed well neu waeth, boed ddyn neu ferch, yn rhywbeth sydd, a fu ac a fydd o ddiddordeb parhaol. Pan gymerais y thema hon o fywyd go iawn — o ryw ddigwyddiad y clywais sôn amdano rai blynyddoedd yn ôl ac a adawodd argraff ddofn arnaf — ystyriais fod deunydd trasiedi ynddi. Y mae bob amser yn drasiedi gweld rhywun breintiedig yn mynd i ddistryw, ac yn fwy fyth gweld llinach yn marw. Ond efallai y daw'r amser pan fyddwn ni mor ddatblygedig, mor oleuedig fel y medrwn edrych yn ddi-hid ar ddrama lem, sinigaidd a didostur bywyd, pan fyddwn wedi taflu ymaith y prosesau meddwl israddol, annibynadwy hynny a elwir yn deimladau — byddant hwy'n afraid a niweidiol wedi i'n pŵerau meddwl ni aeddfedu.

Y mae'r ffaith fod yr arwres yn ennyn cydymdeimlad yn dibynnu'n llwyr ar ein gwendid ni yn methu â pheidio ofni y bydd yr un dynged yn dod i ninnau. Fe all y gwyliwr gor-sensitif deimlo nad yw cydymdeimlo'n ddigon; gall dyn ffyddiog y dyfodol, efallai, fynnu cael awgrymiadau pendant ar sut i wella'r drwg — mewn geiriau eraill, rhyw fath o 'raglen'. Ond yn y lle cyntaf, nid oes y fath beth â drwg diamod, gan fod y ffaith fod un teulu yn marw yn beth ffodus i deulu arall sydd yn medru codi yn ei le, ac y mae'r patrwm o godi a disgyn mewn cymdeithas yn un o atyniadau mwyaf bywyd, gan mai rhywbeth cymharol yn unig yw ffawd. Ac i ddyn y 'rhaglen', sydd am weld unioni'r ffaith drist fod yr aderyn ysglyfaethus yn llarpio'r golomen a bod y lleuen yn ysu'r aderyn ysglyfaethus, hoffwn ofyn, 'Pam y dylid unioni hyn?' Nid yw bywyd mor fathemategol wallgof fel mai'r mawrion yn unig sydd yn llarpio'r bychain: lawn cyn amled y mae'r wenynen yn lladd y llew, neu o leiaf yn ei gynddeiriogi.

Os yw fy nhrasiedi yn cael effaith ar y lliaws, yna arnynt hwy y mae'r bai. Pan fyddwn wedi dod cyn gryfed ag arloeswyr y Chwyldro Ffrengig, yna ceir rhyddhad a phleser wrth weld chwynnu'r parciau cenedlaethol a'u clirio o'r coed pwdr a di-fudd sydd wedi llesteirio'n rhy hir goed eraill a chanddynt yr un hawl i fyw eu rhawd hwythau: yr un rhyddhad â phan welir claf nad oes dim gwella arno yn cael marw.

Yn ddiweddar beirniadwyd fy nhrasiedi *Y Tad* am ei bod mor drasig — fel petai disgwyl i drasiedïau fod yn llawen! Y mae pobl yn clebran yn ymhongar am 'lawenydd bywyd' a chyfarwyddwyr y theatrau'n comisiynu ffars — fel petai llawenydd bywyd yn golygu ymddwyn yn wirion a phortreadu dyn fel petai pawb yn dioddef o ddawns Sant Fitws neu wallgofrwydd. 'Rwyf i'n canfod llawenydd bywyd ym mrwydrau creulon a llym bywyd a'm pleser i yw medru dod i wybod rhywbeth a dysgu rhywbeth. Felly, 'rwyf wedi dewis achos anghyffredin ond un y gellir dysgu llawer oddi wrtho; mewn gair, eithriad, ond eithriad mawr sydd yn profi'r rheol, ac a fydd yn sicr o ddigio'r rhai sydd yn hoff o'r cyffredin. Peth arall a fydd yn rhoi ysgytwad i'r meddwl syml yw nad yw'r hyn sydd yn fy symbylu yn y ddrama yn syml, ac nad un safbwynt yn unig a geir. Y mae digwyddiad mewn bywyd — ac y mae hwn yn ddarganfyddiad gweddol ddiweddar — yn tarddu fel rheol o gyfres hir o gymhellion dwfn fwy neu lai, ond fel rheol dewisa'r gwyliwr yr un sydd hawsaf i'w amgyffred yn ei farn ef neu'r un sydd yn adlewyrchu orau ar ei bŵerau meddyliol ef.

Dyma hunanladdiad yn digwydd. 'Trafferthion busnes', medd gŵr y ddinas. 'Cariad gwrthodedig', medd y merched. 'Salwch', medd y claf. 'Gobeithion yn chwilfriw', medd yr adyn. Ond efallai nad yr un o'r rhain neu bob un o'r rhain oedd yr ysgogiad a bod yr ymadawedig wedi celu ei wir gymhelliad drwy gynnig un arall cwbl wahanol a fyddai'n gadael argraff well ohono ar ôl ei farw.

'Rwyf wedi peri i dynged drasig Miss Julie godi o nifer fawr o amgylchiadau: greddfau sylfaenol y fam; magwraeth gyfeiliornus y ferch gan y tad; ei natur hi ei hun; dylanwad awgrymog ei dyweddi ar ei meddwl gwael ac egwan; hefyd — ac yn fwy uniongyrchol — awyrgylch hwyliog Noswyl Ifan: absenoldeb y tad; ei hanhwylder misol; ei hymwneud â'r anifeiliaid, cyffro nwydus y ddawns; gwyll y nos; dylanwad cryf affrodisiaidd y blodau; ac yn olaf, y ffaith fod y ddau wedi digwydd dod at ei gilydd mewn ystafell ar eu pennau eu hunain, a hefyd haerllugrwydd ymfflamychol dyn wedi ei gynhyrfu.

Felly, nid wyf wedi ymdrin â'r thema o safbwynt cwbl unochrog gorfforol nac o safbwynt unochrog seicolegol: nid wyf wedi rhoi'r bai i gyd ar yr hyn a etifeddwyd gan y fam, na'r bai i gyd ar ei hanhwylder misol, nac ychwaith ar ei 'hanlladrwydd' a dim arall. Nid fy mwriad i oedd pregethu am foesoldeb — 'rwyf wedi gadael hynny i'r gogyddes am nad oes yma offeiriad.

Gallaf ymfalchïo bod yr amryfal gymhellion a geir yma yn gweddu i'r oes, ac os gwnaeth eraill yr un peth o'm blaen yna rwy'n ymfalchïo nad myfi yw'r unig un i ddefnyddio'r paradocsau hyn (fel y gelwir popeth newydd).

Wrth bortreadu'r cymeriadau 'rwyf wedi eu gwneud hwy braidd yn ddigymeriad am y rhesymau canlynol:

Y mae'r gair 'cymeriad' yng nghwrs amser wedi magu amryw ystyron. Yn wreiddiol yr ystyr oedd nodweddion llywodraethol yr enaid neu'r *psyche* a daeth yn gyfystyr â 'natur' rhywun. Wedyn daeth yn derm dosbarth canol am robot, unigolyn yr oedd ei natur wedi sefyll yn stond neu a oedd wedi ymaddasu i swyddogaeth arbennig mewn bywyd: mewn gair, wedi peidio â thyfu — daethpwyd i alw hwn yn 'gymeriad'. Ar y llaw arall, yr un a oedd yn dal i ddatblygu — morwr medrus afon bywyd nad yw'n hwylio â'i raff yn dynn ond yn mynd gyda'r gwynt ac yn troi eilwaith i'w ddannedd — daethpwyd i alw hwnnw'n ddigymeriad; mewn ystyr ddifrïol, wrth gwrs, am ei bod mor anodd cael gafael arno, ei ddosbarthu, a chadw golwg arno.

Trosglwyddwyd y syniad *bourgeois* hwn am natur ddiysgog yr enaid i'r llwyfan lle y bu'r *bourgeoisie* yn tra-arglwyddiaethu erioed. Yno, daeth y cymeriad i olygu gŵr a oedd wedi ei ffurfio'n barod: un a oedd wastad yn ymddangos yn feddw, yn ddoniol, neu'n drist; ac er mwyn creu cymeriad y cwbl yr oedd yn rhaid ei wneud oedd dodi rhyw nam ar y corff: troed glap, coes bren, trwyn coch, neu roi rhyw ymadrodd iddo i'w ailadrodd yn gyson megis 'Gwych!', 'Barkis is willin'.[1]

Y mae'r dull hwn o edrych yn syml ar bobl i'w weld hyd yn oed yn y Molière

[1] Dyma'r neges a anfonai Barkis, y cariwr at y wraig a edmygai, Clara Peggotty, yn *David Copperfield* gan Charles Dickens. 'Roedd Strindberg yn amlwg yn gyfarwydd â Dickens.

mawr ei hun. Nid yw Harpagon yn ddim byd ond cybydd, er y gallasai Harpagon fod yn gybydd ac ar yr un pryd yn un ardderchog am drin arian, yn dad rhagorol ac yn gynghorydd lleol da. A gwaeth fyth, y mae ei wendid ef yn fantais fawr, yn enwedig i'w fab-yng-nghyfraith a'i ferch, ei etifeddion; ac ni ddylent hwy, felly, ei feio hyd yn oed os oes rhaid iddynt aros rywfaint cyn iddynt fedru mynd i'r gwely priodasol. Felly, nid wyf yn credu mewn cymeriadau llwyfan syml. Ac fe ddylai'r Naturiolwyr herio barn swta'r awdur am bobl: 'Mae hwn yn dwp; hwn yn greulon; hwn yn genfigennus; hwn yn grintachlyd.' Gŵyr y Naturiolwyr mor gyfoethog yw'r enaid ac maent yn ymwybodol fod ochr arall i ddrygioni sydd yn debyg iawn i rinwedd.

Gan eu bod yn gymeriadau modern yn byw mewn oes o newid, oes o frys gwylltach na'r un o'i blaen o leiaf, 'rwyf wedi portreadu fy mhobl yn fwy simsan a rhwygedig, yn gymysgfa o'r hen a'r newydd. Ac yn fy marn i, y mae'n bur debygol fod syniadau modern wedi treiddio i lawr i lefel y gweision drwy bapurau newydd a sgwrs. Felly y mae gan y gwas rai tueddiadau modern yn ymwthio allan drwy ei daeogrwydd etifeddol. Hoffwn atgoffa'r sawl sydd yn teimlo nad yw'n iawn i ni mewn drama fodern adael i bobl bregethu Darwiniaeth, ac sydd eto ar yr un pryd yn cymeradwyo Shakespeare, fod y torrwr beddau yn *Hamlet* yn pregethu athroniaeth ffasiynol y dydd, syniadau Giordano Bruno (Bacon).[2] A beth bynnag, y mae Darwiniaeth wedi bodoli erioed: ers amser Moses cafwyd y naill hanes ar ôl y llall am y greadigaeth o'r anifeiliaid is hyd at y ddynolryw — ond ein bod ni'n awr wedi cael gafael ar y syniad a rhoi trefn arno.

Y mae fy eneidiau (cymeriadau) yn gasgliadau o gyfnodau o wareiddiad o'r gorffennol a'r presennol: pytiau o lyfrau a phapurau newydd, darnau o'r ddynoliaeth, clytiau o ddillad gorau sydd bellach yn garpiau, yn union fel y mae'r enaid yn glytwaith. 'Rwyf hefyd wedi cynnwys darn o hanes esblygol drwy adael i'r gwannaf ddwyn ac ailadrodd geiriau'r cryfaf, a benthyca syniadau, neu 'awgrymiadau', fel y gelwir hwynt bellach, y naill oddi ar y llall: o'r amgylchfyd (gwaed y llinos werdd), o'r priodoleddau (y rasal), ac yr wyf wedi gadael i *Gedankenübertragung*[3] weithredu drwy wrthrychau difywyd (bwtsias

---

[2]Athronydd, gwyddonydd a llenor o'r Eidal oedd Giordano Bruno (1548-1600). Coleddai syniadau anuniongred, blaengar ond ar brydiau hynod astrus a chyfriniol ynglŷn â natur y bydysawd. Fe'i condemniwyd fel heretig gan yr Eglwys Babyddol ac fe'i carcharwyd. Gwrthododd wadu ei ddaliadau ac fe'i llosgwyd i farwolaeth. Y 'Bacon' a grybwyllir yw'r athronydd a'r gwyddonydd o Sais, Francis Bacon (1561-1626). Y mae'r cyfeiriad ato yma braidd yn amwys. Efallai bod Strindberg yn cymryd yn ganiataol mai'r un oedd syniadau Bruno â syniadau Bacon neu efallai bod Strindberg wedi llyncu damcaniaeth boblogaidd ond cyfeiliornus y bedwaredd ganrif ar bymtheg yn Lloegr mai Bacon oedd gwir awdur dramâu Shakespeare.

[3]'Trosglwyddo meddyliau.'

y Cownt a'r gloch); 'rwyf o'r diwedd wedi defnyddio cymorth yr 'awgrym effro', sef amrywiad ar yr 'awgrym cwsg' — sydd erbyn hyn wedi dod mor boblogaidd ac wedi ei dderbyn fel nad yw'n ennyn dirmyg ac anghrediniaeth fel y gwnâi yn nyddiau Mesmer.

Cymeriad modern yw Miss Julie, er bod yr hanner dynes, sydd yn casáu dynion wedi bodoli erioed: yn awr, gan ei bod wedi ei darganfod y mae hi wedi camu ymlaen a dechrau cadw stŵr. Dyma'r math o berson sydd yn coleddu'r camargraff (a ddylanwadodd ar feddyliau cryfach) fod gwraig, — ffurf grablyd ar y ddynolryw, rhywbeth hanner ffordd at fod yn ddyn, sef arglwydd y greadigaeth a chreawdwr gwareiddiad — yn medru dod yn gydradd â dyn, ac y mae'n drysu'i phen mewn ymgais chwerthinllyd sydd yn ei dymchwel. Y mae'n chwerthinllyd oherwydd fod ffurf grablyd a reolir gan ddeddfau atgenhedlu bob amser am gael ei geni'n grablyd, ac ni all byth ymgyrraedd at yr un sydd â'r fantais yn ôl y fformwla ganlynol: Y mae A (y dyn) a B (y wraig) yn gadael yr un pwynt C; A (y dyn) ar gyflymdra o 100, a B (y wraig) ar gyflymdra o 60. Pa bryd, (meddech yn awr) y gall B oddiweddyd A? Ateb — Byth! Ac ni fydd na chydraddoldeb addysg, na'r un hawl i bleidleisio, nac unrhyw ymgais at gysuro a rhesymoli, yn tycio dim — dim mwy nag y medr dwy linell gyfochrog fyth groesi ei gilydd. Y mae'r hanner dynes fodern yn greadur sydd yn ymwthio i'r tu blaen, yn gwerthu ei hun yn awr am rym, anrhydeddau, bri a diplomâu fel yr arferai gynt ei gwerthu ei hun am arian; ac y mae'n ymgorfforiad o lygredd. Nid yw'n deip da gan nad oes iddi barhad, ond yn anffodus y mae'n medru epilio a chynhyrchu cenhedlaeth arall o'i thebyg drwy ei thrueni, ac y mae dynion gwachul fel petaent yn reddfol yn dewis y merched hyn, ac felly maent yn lluosogi a chenhedlu plant amwys eu rhyw y mae bywyd yn artaith iddynt. Drwy ryw drugaredd maent yn darfod, naill ai am na fedrant ddod i delerau â'r gwirionedd, neu am fod eu greddfau rhwystredig yn mynd yn rhemp, neu am fod eu gobaith o fod yn gydradd â dynion yn chwalu'n chwilfriw. Y mae'r teip yn drasig: gwelir ynddynt frwydr anobeithiol yn erbyn natur; yn drasig am eu bod yn etifeddion Rhamantiaeth a yrrwyd ar chwâl bellach gan Naturioliaeth, nad yw'n hawlio dim byd ond hapusrwydd. Rhywogaeth gref a chadarn yn unig sydd yn berchen ar hapusrwydd.

Ond y mae Miss Julie hefyd yn weddill hen fonedd y cledd sy'n cael ei ddisodli bellach gan bendefigaeth newydd y nerfau a'r ymennydd. Y mae'n ysglyfaeth i'r anghytgord hwnnw a blannwyd mewn teulu gan 'drosedd' mam; yn ysglyfaeth i dwyll y dydd, i amgylchiadau, i'w chyfansoddiad diffygiol ei hun, sydd o'u rhoi gyda'i gilydd yn cyfateb i'r hen syniad gynt am 'dynged' neu 'ddeddf gyffredinol'. Y mae'r Naturiolwr wedi dileu'r syniad o euogrwydd gerbron Duw, ond ni ellir dileu canlyniadau'r weithred — cosb, carchar neu ofn y rhain — am y rheswm syml eu bod hwy gyda ni o hyd p'run ai y ceir rhyddhad ai peidio.

Ni all y sawl sy'n dioddef fyth fforddio bod mor glên a'r rhai y tu allan sydd heb gael cam.

A hyd yn oed os peidiodd y tad â dial oherwydd rhesymau anorfod byddai'r ferch wedi dial arni hi ei hun, fel y gwna yma, oherwydd y teimlad hwnnw o anrhydedd sydd yn gynhenid yn y bonedd neu a feithrinwyd ganddynt ac sydd yn etifeddiaeth iddynt. O ble y mae'n deillio? Ai o'u hynafiaid barbaraidd, ai o'r famwlad Ariaidd, ynteu o sifalri'r Oesoedd Canol? Y mae'n hardd iawn, ond y dyddiau hyn y mae'n amharu ar barhad yr hil. Dyma *hara-kiri'r* bonedd, deddf cydwybod fewnol y Siapanead sydd yn peri iddo hollti ei ymysgaroedd pan fydd rhywun yn ei sarhau; ac y mae'r syniad yn goroesi i ryw raddau yn yr ornest, braint y bonedd. Felly, y mae Jean y gwas yn cael byw, ond ni fedr Miss Julie fyw heb anrhydedd. Dyma fantais y taeog dros yr uchelwr — nid oes ganddo'r obsesiwn angheuol hwn ag anrhydedd. Y mae rhywfaint o'r uchelwr, o Don Quixote, ynom ni'r Ariaid i gyd sydd yn peri inni gydymdeimlo â'r sawl sydd yn lladd ei hun am iddo wneud rhyw anfadwaith a thrwy hynny golli ei anrhydedd. Ac yr ydym yn ddigon bonheddig i ddioddef wrth weld mawredd yn syrthio ac yn gorwedd yn gelain — hyd yn oed petai'n atgyfodi drachefn a gwneud iawn wedyn drwy weithredoedd anrhydeddus. Y mae Jean, y gwas, yn genhedlwr hil, yn ŵr a chanddo nodweddion arbennig. 'Roedd yn blentyn i was fferm ac y mae bellach wedi ei addysgu'i hun ac yn tyfu i fod yn ŵr bonheddig. Daeth dysgu'n rhwydd iddo; y mae ganddo synhwyrau datblygedig (arogl, blas, golwg) a gall ymateb i harddwch. Y mae eisoes wedi codi yn y byd, ac y mae'n ddigon call i beidio â phoeni am ddefnyddio pobl eraill. Y mae eisoes wedi ymbellhau oddi wrth y rhai o'i gwmpas: y mae'n eu dirmygu fel rhan o'i fywyd y cefnodd arno — y mae'n eu hofni ac yn eu hosgoi am eu bod yn gwybod ei gyfrinachau, yn busnesu yn ei gynlluniau, yn gwylio ei ddyrchafiad yn genfigennus ac yn disgwyl am ei gwymp yn awchus. Dyma beth sydd wrth wraidd ei gymeriad deublyg amhendant sydd yn simsanu rhwng hoffter o rym a safle ar y naill law a chasineb tuag at y rhai sydd yn berchen arnynt ar y llaw arall. Honna ef ei hun fod yn aristocrat, y mae wedi dysgu cyfrinachau cymdeithas dda; y mae'n gaboledig, ond yn amrwd y tu mewn. Y mae eisoes yn gwisgo'r gôt-â-chwt yn chwaethus ond heb unrhyw brawf fod ei gorff yn lân oddi tani.

Y mae ganddo ryw barch at Miss Julie, ond y mae arno ofn Kristin gan ei bod hi'n gwybod ei gyfrinachau peryglus; y mae'n ddigon dideimlad i beidio â gadael i ddigwyddiadau'r nos ymyrryd â'i gynlluniau ar gyfer y dyfodol. Ond gydag anian galed y taeog ac annhosturi'r teyrn medr edrych ar waed heb lewygu ac anwybyddu unrhyw aflwydd. Felly, daw'n ôl o'r frwydr yn ddianaf, ac y mae'n debyg y bydd yn diweddu ei oes yn berchen gwesty, a hyd yn oed oni ddaw i fod yn gownt yn Rwmania, bydd ei fab yn ddiau yn mynd i brifysgol ac efallai'n dod yn dwrnai.

xiv

Beth bynnag, y mae Jean yn rhoi gwybodaeth bur bwysig inni am ddirnadaeth y werin o fywyd — wedi ei weld o'r gwaelod — hynny yw, pan fo'n dweud y gwir, ac nid yw'n gwneud hynny'n aml, gan ei fod yn dweud yr hyn sydd o fantais iddo ef yn hytrach na'r gwirionedd. Pan awgryma Miss Julie fod y werin i gyd yn teimlo pwysau'r dosbarth uwch yn drwm arnynt, yna y mae Jean yn naturiol yn cytuno, gan mai ei fwriad yw ennyn cydymdeimlad, ond y mae'n ei gywiro'i hun yn sydyn iawn pan ystyria ei bod o fantais iddo fod yn wahanol i'r rhelyw o'i ddosbarth.

Ar wahân i'r ffaith fod Jean bellach yn codi yn y byd, y mae ganddo'r llaw uchaf ar Miss Julie am ei fod yn ddyn. Yn rhywiol, ef yw'r uchelwr yn rhinwedd ei rym gwrywaidd, ei synhwyrau meinach a'i allu i gymryd y cam cyntaf. Y mae ei ymdeimlad o israddoldeb yn tarddu'n bennaf o'r amgylchfyd cymdeithasol y mae'n digwydd byw ynddo, ond y mae'n bur debyg y medrai ddiosg hwnnw gyda lifrai'r gwas.

Gwelir ei daeogrwydd yn ei barch tuag at y Cownt (y bwtsias) ac yn ei ofergoeledd crefyddol; ond y mae'n parchu'r Cownt yn bennaf am fod hwnnw yn y safle uchel y mae ef ei hun yn ymgyrraedd ato. Ac y mae'r parch hwn yn aros ar ôl iddo ennill merch y tŷ a gweld mor wag oedd y gragen brydferth honno.

Nid wyf yn credu y gallai unrhyw berthynas gariadus yn ystyr fwy aruchel y gair godi rhwng dau enaid mor annhebyg eu natur, ac felly gadewais i Miss Julie ddychmygu ei bod mewn cariad — er mwyn iddi gael cyfiawnhau ac esgusodi'r hyn a wnaeth; a gadewais i Jean dybio y gallai ef efallai ei charu hithau petai ei amgylchiadau cymdeithasol yn wahanol. 'Rwyf i'n meddwl bod cariad fel *hyacinth* sy'n gorfod bwrw gwreiddiau yn y tywyllwch cyn y gall egino'n flodyn cryf. Yn yr achos hwn y mae'n saethu i fyny, yn blodeuo ac yn rhedeg i had i gyd ar unwaith, a dyna pam y mae'r tyfiant yn marw mor sydyn.

Ac yna Kristin — caethferch yw hi, yn llawn taeogrwydd a syrthni o orfod sefyll dros stôf y gegin, yn anifeilaidd o anymwybodol o'i rhagrith, yn dalp o foesoldeb a chrefydd a rheini'n gochl ac yn fwch dihangol iddi — rhywbeth nad oes mo'u hangen ar berson cryf am ei fod ef yn medru dwyn yr euogrwydd ei hun neu ddadlau ei ffordd ohono. Y mae hi'n mynd i'r eglwys er mwyn bwrw yn ddidaro ar yr Iesu faich ei lladrata pitw ac wedyn cymer ddiniweidrwydd yn faich arall ar ei hysgwyddau. Fodd bynnag, cymeriad eilradd yw hi, ac oherwydd hynny y mae wedi'i phortreadu'n fwriadol, fel y gwneuthum â'r gweinidog a'r meddyg yn *Y Tad,* lle 'roedd arnaf eisiau pobl bob dydd yr un fath â gweinidogion a meddygon cyffredin cefn gwlad. Ac os yw fy nghymeriadau eilradd yn ymddangos braidd yn haniaethol, y rheswm am hyn yw fod y bobl gyffredin i ryw raddau *yn* haniaethol wrth wneud eu gwaith: hynny yw, yn gonfensiynol, gan ddangos un agwedd yn unig wrth weithio, a chyn belled na theimla'r gwyliwr angen i'w gweld o nifer o wahanol agweddau yna y mae fy mhortread haniaethol i yn un eithaf cywir.

Ynglŷn â'r ddeialog, 'rwyf wedi torri'n rhydd oddi wrth y traddodiad i ryw raddau drwy beidio â gwneud fy nghymeriadau yn holwyr catecism sydd yn eistedd yno yn gofyn cwestiynau twp er mwyn cael ateb parod. 'Rwyf wedi osgoi adeiladwaith cymesur mathemategol deialog y Ffrancwyr, a gadewais i feddyliau weithio'n afreolaidd, fel y gwnânt mewn bywyd go iawn — mewn sgwrs, wrth reswm, ni ddisbyddir unrhyw bwnc yn llwyr: bydd cogyn mewn un meddwl rywsut neu'i gilydd yn bachu cogyn mewn meddwl arall. Felly hefyd y mae'r ddeialog yn crwydro, ac yn y golygfeydd cynnar y mae'n casglu deunydd sydd yn ddiweddarach yn cael ei drafod, ei ailgodi, ei ailadrodd, ei archwilio a'i ehangu yn union fel thema mewn cyfansoddiad cerddorol.

Y mae'r cynllun yn bur gynhwysfawr a chan nad yw mewn gwirionedd ond yn ymwneud â dau berson yn unig, yr wyf wedi canolbwyntio ar y rhain heb gyflwyno ond un is-gymeriad arall — y gogyddes, a gadael i ysbryd digalon y tad hofran uwchben a thu ôl i'r cwbl. Gwneuthum hyn gan y tybiaf imi sylwi mai'r broses seicolegol sydd yn diddori pobl heddiw yn bennaf, ac nid yw ein heneidiau chwilfrydig yn fodlon ar weld rhywbeth yn digwydd heb ddod i wybod sut y mae hynny wedi digwydd. Mewn gwirionedd, y mae arnom eisiau gweld y gwifrau a'r peirianwaith, eisiau archwilio'r bocs â'r gwaelod ffug, cael gafael yn y fodrwy hud i weld yr asiad, ac edrych ar y cardiau i weld sut y maent wedi eu marcio.

Yn hyn o beth yr oedd gennyf mewn golwg nofelau monograffig y brodyr Goncourt, sydd wedi apelio ataf yn fwy na dim arall mewn llenyddiaeth gyfoes.

Ar yr ochr dechnegol, fel arbrawf 'rwyf wedi dileu rhaniad y ddrama yn actau. Gwneuthum hyn am imi gredu fod yr egwyliau'n debygol o darfu ar ein gallu i gael ein rhithio, gallu sydd bellach ar drai. Oherwydd yn ystod yr egwyliau y mae gan y gynulleidfa gyfle i fyfyrio a thrwy hynny osgoi dylanwad awgrymog yr awdur-hypnotydd.[4] Y mae'n debyg mai awr a hanner fydd hyd fy nrama, a chan y gall rhywun wrando ar ddarlith, pregeth neu drafodaeth seneddol am gyhyd â hynny neu ragor yr wyf wedi fy narbwyllo fy hun na ddylai drama flino neb mewn awr a hanner. Mor gynnar â 1872, yn un o'm hymdrechion cyntaf yn y theatr, ceisiais ddefnyddio'r ffurf gywasgedig hon yn *Yr Herwr*, ond heb fawr o lwyddiant. Ysgrifennwyd y ddrama mewn pum act, a dim ond ar ôl ei chwblhau y sylweddolais ei bod ar chwâl ac yn dameidiog. Llosgais hi, ac o'r lludw fe gododd un act hir gaboledig o hanner can tudalen mewn print y gellid ei pherfformio mewn awr. Nid yw'r ffurf felly yn hollol newydd ond ymddengys mai myfi piau'r syniad, ac efallai gan fod agwedd pobl

[4]Yn y Swedeg defnyddir gair mwy hynafol *magnetsiör*: 'mesmerydd' yn hytrach na 'hypnotydd'.

yn newid, y bydd yn amserol. Fy ngobaith yw y bydd gennym rywbryd gynulleidfa fydd wedi dysgu eistedd am noson gyfan i weld perfformiad o ddrama un act. Ond mae'n rhaid gwneud rhywfaint o ymchwil yn gyntaf. Yn y cyfamser, er mwyn rhoi seibiau i'r gynulleidfa a'r actorion heb ollwng y gynulleidfa'n rhydd o'r rhith, yr wyf wedi cyflwyno tair ffurf ar gelfyddyd, a phob un ohonynt yn perthyn i fyd y ddrama, sef: monolog, meim a ballet. Cysylltir y rhain yn wreiddiol â'r drasiedi hynafol: y mae'r monodi bellach wedi datblygu'n fonolog a'r corws wedi datblygu'n ballet.

Condemnir y fonolog gan ein Realwyr y dyddiau hyn am ei bod yn rhywbeth afreal, ond os medraf ddangos y gwir gymhelliad y tu ôl i'r geiriau, yna medraf ei gwneud yn rhywbeth credadwy y gellir manteisio arno. Wrth reswm, y mae'n naturiol i siaradwr gerdded yn ôl ac ymlaen yn ei dŷ ei hun yn darllen dros ei araith yn uchel; yn naturiol i actor fynd trwy ei ran yn uchel; i forwyn sgwrsio â'i chath, i fam barablu wrth ei baban; i hen ferch breblan wrth ei pharot ac i gysgadur siarad trwy'i gwsg. Ac er mwyn rhoi cyfle i'r actor weithio'n annibynnol am unwaith a bod yn rhydd o gyfarwyddiadau'r awdur, nid wyf wedi gosod allan y monologau, dim ond eu hawgrymu. Oherwydd nid yw fawr o bwys beth a ddywed rhywun yn ei gwsg, neu wrth y gath gan nad yw'n dylanwadu ar y digwydd. Felly, y mae actor dawnus sydd yn ymdeimlo â'r awyrgylch a'r sefyllfa yn fwy na thebyg yn medru creu monolog ddifyfyr yn well nag a fedrai'r awdur, na all fwrw amcan ymlaen llaw faint y gellir ei ddweud nac am ba hyd heb chwalu rhith y gynulleidfa.

Fel y gwyddys, y mae theatr yr Eidal, mewn rhai achosion wedi dychwelyd at chwarae difyfyr ac wedi creu actorion sydd eu hunain yn greadigol ond rhai sydd, serch hynny, yn llwyddo i wireddu bwriadau'r awdur. Gall hyn fod yn gam ymlaen, wrth reswm, neu'n egin newydd ym myd celfyddyd y gellid ei alw'n gelfyddyd sy'n esgor ar gelfyddyd.

Lle byddai monolog yn ymddangos yn annaturiol 'rwyf wedi troi at feim, ac yno gadewais i'r actorion gael rhwydd hynt i fod yn greadigol a chael clod fel unigolion. Ond, rhag trethu'r gynulleidfa'n ormodol, 'rwyf wedi gadael i'r gerddoriaeth — a gellir cyfiawnhau hynny'n hawdd gan y ddawns Noswyl Ifan — ddod â'i grym rhithiol i mewn yn ystod y perfformiad mud, a byddaf yn gofyn i'r cyfarwyddwr cerdd ystyried yn ofalus ei ddewis o gerddoriaeth, rhag iddo ddod ag awyrgylch estronol drwy adleisio operâu ysgafn y dydd neu gerddoriaeth ddawns neu alawon gwerin a gysylltir yn rhy benodol ag un ardal arbennig.

Ni fyddai golygfa torf wedi gwneud y tro yn lle'r olygfa ballet a gyflwynais, gan fod golygfeydd torf yn cael eu chwarae'n wael, a bydd ar griw o ffyliaid crechwenus eisiau defnyddio'r cyfle i ddangos eu hunain a thrwy hynny ddifetha'r rhith. Gan nad yw gwawd y werin fel rheol yn ddifyfyr am eu bod yn tueddu i ddefnyddio deunydd parod ag ystyr ddwbl iddo, nid wyf wedi cyfansoddi'r gerdd ddychanol ond benthyca cân actol weddol anadnabyddus a gopïais fy hun yng nghyffiniau Stockholm. Y mae'r geiriau'n weddol addas er nad ydynt yn gwbl berthnasol, ond y mae hynny hefyd yn fwriadol, gan nad yw cyfrwystra a gwendid y taeog yn caniatáu iddo ymosod yn agored. Felly ni ddylid cael unrhyw glebran gwirion mewn drama ddwys, na gwenu anllad mewn sefyllfa lle dodir caead ar arch teulu bonheddig.

Ynglŷn â'r golygfeydd, 'rwyf wedi benthyca rhai elfennau gan ddarluniau argraffiadol, yn arbennig y diffyg cymesuredd a'r elfennau tameidiog awgrymog sydd ynddynt. Drwy wneud hyn credaf imi lwyddo i greu rhith; y mae peidio â gweld yr ystafell gyfan na'r cwbl o'r dodrefn yn rhoi cyfle inni ddyfalu — hynny yw, ysgogi'r dychymyg i lenwi'r bylchau. Llwyddais hefyd i gael gwared o'r mynd a dod diflas hwnnw drwy'r drysau, gan mai cynfas yw deunydd drysau llwyfan ac y maent yn siglo ar y symudiad lleiaf; ni allant hyd yn oed ddangos dicter penteulu cynddeiriog pan â allan ar ôl cinio gwael gan roi clep ar y drws 'nes bod yr holl dŷ'n crynu'. (Yn y theatr, y mae'r tŷ yn siglo!) Felly, cedwais hefyd at un set yn unig, er mwyn i'r cymeriadau ymdoddi i'r milieu, ac er mwyn ymwrthod â golygfeydd gor-foethus. Pan nad oes ond un set disgwylir iddi fod yn gredadwy. Fodd bynnag, nid oes dim yn fwy anodd na chael ystafell i edrych rhywbeth yn debyg i ystafell, er y gall arlunydd yn hawdd greu rhaeadrau a mynyddoedd tân yn ffrwydro. Hyd yn oed os oes rhaid i'r parwydydd fod yn rhai cynfas y mae'n hen bryd rhoi'r gorau i beintio silffoedd a chelfi cegin arnynt. Y mae cymaint o gonfensiynau eraill yn y theatr y disgwylir inni gredu ynddynt heb orfod ymdrechu'n ormodol i gredu mewn sosbenni wedi eu peintio.

'Rwyf wedi gosod y gefnlen a'r bwrdd ar ongl fel y medr yr actorion chwarae â wyneb llawn neu ochr yr wyneb pan fyddant yn eistedd wrth y bwrdd yn wynebu ei gilydd — ac yn yr opera *Aida* unwaith gwelais gefnlen ar ongl a oedd yn cyfeirio'r llygaid allan i bersbectifau annisgwyl a hyn heb roi'r argraff nad oeddynt yn ddim oll ond ymgais i adweithio'n erbyn llinellau syth a diflas.

Newid arall y mae gwir angen amdano yw cael gwared o oleuadau'r godre. Dywedir mai bwriad y goleuo hwn yw gwneud i wynebau'r actorion ymddangos yn dewach; ond hoffwn ofyn pam y dylai pob actor gael wyneb tew? Onid yw'r golau hwn oddi isod yn dileu myrdd o nodweddion cynnil rhan isaf yr wyneb, yn enwedig y genau; onid yw'n llurgunio siâp y trwyn ac yn taflu cysgodion i fyny dros y llygaid? A hyd yn oed os nad yw hyn yn wir y mae un peth yn sicr: fod llygaid yr actorion yn dioddef i'r fath raddau nes colli'r gallu i'w mynegi eu hunain yn effeithiol. Gan fod goleuadau'r godre yn taro'r retina mewn man a ddiogelir fel rheol (oddieithr mewn morwyr sydd yn cael adlewyrchiad yr haul oddi ar y dŵr), anaml y gwelir unrhyw ddefnydd o'r llygaid heblaw am rythu amlwg naill ai tua'r ochr neu i fyny i'r oriel gan ddangos gwyn y llygaid; ac efallai hefyd mai hyn sydd yn achosi i rai — actoresau yn enwedig — amrantu mewn ffordd mor ddiflas. A phan fo rhywun ar y llwyfan am siarad â'i lygaid, yn anffodus yr unig ddewis sydd ganddo yw edrych yn syth allan at y gynulleidfa a chyfathrebu'n uniongyrchol â hwy wedyn y tu allan i ffrâm y llenni — arferiad drwg a elwir yn gam neu'n gymwys yn 'gyfarch ffrindiau'.

Oni fyddai goleuadau digon cryf o'r ochr (gydag offer adlewyrchu neu rywbeth o'r fath) yn rhoi'r cymorth hwn i'r actor: i rymuso'r mynegiant â chaffaeliad pennaf yr wyneb: defnyddio'r llygaid?

Prin y gallaf obeithio cael actorion i chwarae i'r gynulleidfa yn hytrach na chyda hi, er y byddai hynny'n ddymunol. Nid wyf yn breuddwydio am fedru byth weld holl gefn yr actor drwy gydol golygfa bwysig, ond byddwn yn falch iawn pe na baent yn chwarae golygfeydd allweddol wrth ochr bwth y cofweinydd, fel petaent yn ddeuawdau yn disgwyl cymeradwyaeth; yn hytrach hoffwn eu gweld yn cael eu perfformio yn yr union fan y mae'r sefyllfa yn galw amdano. Felly, dim chwyldroadau — dim ond mân newidiadau. Y mae'n bur debyg y byddai gwneud y llwyfan yn ystafell heb bedwerydd pared, fel bod rhai o'r dodrefn â'u cefnau at y gynulleidfa, ar hyn o bryd yn creu stŵr.

Hoffwn ddweud gair am goluro, er na feiddiaf obeithio cael sylw'r actoresau, gan fod yn well ganddynt hwy fod yn dlws nag yn naturiol. Ond fe fyddai'n werth i'r actor ystyried a yw'n fantais iddo beintio cymeriad haniaethol ar ei wyneb a fydd yn aros arno fel mwgwd. Dychmygwch ddyn yn gwneud llinell wgus rhwng ei lygaid â pharddu, ac yna cymerer ei fod, â'r un gwg sefydlog ar ei wyneb, yn gorfod gwenu fel ymateb i sylw ffraeth. Y fath ystumiau erchyll a fyddai wedyn! A sut y medrai'r talcen ffug hwn, sydd mor llyfn â phêl biliards, grychu pan fyddai'r hen ŵr yn colli ei dymer?

Mewn drama fodern seicolegol, pan ddylid adlewyrchu ymateb lleiaf cymeriad yn yr wyneb yn hytrach na thrwy ystum a sŵn, y peth gorau fyddai arbrofi â goleuadau cryfion o'r ochr ar lwyfan bychan, a'r actorion heb golur o gwbl, neu gydag ychydig iawn ohono.

Yna pe medrem gael gwared o'r gerddorfa sydd i'w gweld mor amlwg a'i lampau'n tarfu arnom a wynebau'r offerynwyr yn troi at y gynulleidfa; a phe medrem godi seddau'r awditoriwm fel bod llygaid y gwylwyr yn cyrraedd yn uwch na phenliniau'r actorion, pe medrem gael gwared o'r bocsys llwyfan (fy nghas bethau) a'r bobl ynddynt yn chwerthin wrth giniawa a swpera, a chael corff y neuadd mewn tywyllwch llwyr yn ystod y perfformiad; ac yn bennaf oll, pe medrem gael llwyfan bychan a neuadd fechan — yna, efallai gellid cael drama newydd ac fe ddeuai'r theatr unwaith yn rhagor yn lle i ddifyrru pobl ddiwylliedig.

Tra ydym yn disgwyl am theatr o'r fath gallwn ysgrifennu a pharatoi ar gyfer *repertoire* y dyfodol. Dyma fy ymgais i! Os bu'n fethiant — yna y mae digon o amser i ymdrechu eto.

Cyfieithwyd gan MICHAEL BURNS a GLENDA CARR

MISS JULIE

Y Cymeriadau

MISS JULIE	merch y plas	(25 oed)
JEAN	gwas	(30 oed)
KRISTIN	cogyddes	(35 oed)

Golygfa

Cegin plasty yn Sweden yn wythdegau'r bedwaredd ganrif ar bymtheg.

Noswyl Ifan

(Cegin fawr. Y mae'r nenfwd a'r parwydydd wedi eu gorchuddio â llenni a borderi. Y mae'r wal gefn yn codi ar ongl o'r chwith; arni, ar y chwith y mae dwy silff a chelfi o gopr, pres, haearn a phiwter arnynt. Y mae'r silffoedd wedi eu hymylu â phapur dolennog. Ychydig i'r dde gellir gweld tri chwarter bwa'r porth mawr a dau ddrws gwydr iddo. Drwy'r drysau gellir gweld ffynnon ar lun ciwpid, llwyni lelog yn eu blodau a phoplys Lombardi talsyth. Ar y chwith i'r llwyfan gwelir cornel stôf deils fawr a rhan o ffedog y simdde. I'r dde, gwelir un pen i fwrdd bwyta pîn gwyn y gweision a rhai cadeiriau. Addurnwyd y stôf â changhennau bedw a thaenwyd brigau meryw hyd y llawr. Ar ben y bwrdd y mae potyn sbeis mawr Siapaneaidd yn llawn o flodau lelog.
   Ceir hefyd focs rhew, bwrdd golchi a sinc. Y mae cloch fawr henffasiwn uwch ben y drws, ac ar y chwith i'r drws gwelir pen tiwb siarad.
   Y mae Kristin yn sefyll wrth y stôf yn ffrio rhywbeth mewn padell; y mae'n gwisgo ffrog gotwm o liw golau a ffedog.
   Daw Jean i mewn yn gwisgo lifrai gwas ac yn cario pâr o fwtsias mawr a 'sbardunau arnynt. Y mae'n eu gosod ar y llawr mewn lle amlwg.)

JEAN: Mae Miss Julie yn wirion eto heno, yn wirion bost.
KRISTIN: O, ydach chi'n ôl rŵan?
JEAN: Mi es i â'r Cownt i'r stesion, a phan ddes i'n ôl heibio i'r 'sgubor mi es i mewn i ddawnsio. Mi ddigwyddais i weld Miss Julie yn arwain y ddawns efo'r cipar. Pan sylwodd hi arna'i mi ruthrodd hi'n syth i 'mreichia' i a gofyn imi ddawnsio dawns y merched efo hi. A'r ffordd ddaru hi ddawnsio! . . . 'Welais i 'rioed ffasiwn beth. Mae hi'n wallgo'!
KRISTIN: Fel 'na buo hi 'rioed, ond ddim cyn waethed â'r pythefnos diwetha 'ma, ers torri'r dyweddïad.
JEAN: O, ia. Be' yn union ddigwyddodd felly? 'Roedd o'n hogyn iawn hefyd er nad oedd 'na fawr o bres yna. Ond 'does dim plesio arnyn' nhw. *(Y mae'n eistedd wrth ben y bwrdd.)* Mae'n beth od, 'tydi, fod yn well gan ledi . . . mm . . . aros gartre' efo'r gweision yn hytrach na mynd efo'i thad i weld perthnasa'.
KRISTIN: E'lla' i bod hi'n teimlo braidd yn annifyr ar ôl yr helynt 'na efo'i chariad.
JEAN: 'Synnwn i ddim! Ond 'roedd hwnnw'n ddigon atebol hefyd. 'Wyddost ti sut y buo hi, Kristin? Mi welais i'r cwbl, wyddost ti, er na wnes i ddim cymryd arna'.

KRISTIN: Tewch â sôn! 'Welsoch chi nhw?
JEAN: O, do. 'Roedden' nhw i lawr yng nghowt y stabal ryw noson a Miss Julie wrthi'n ei dorri o i mewn, chwedl hitha'. Be' feddyliat ti wnaeth hi? Gwneud iddo fo neidio dros chwip ceffyl fel mae rhywun yn dysgu ci i neidio. Mi neidiodd o ddwywaith a chael slaes iawn efo'r chwip bob tro, ond y trydydd tro mi gythrodd yn y chwip a'i thorri'n dipia', ac wedyn ei heglu hi o' na.'
KRISTIN: O, fel'na buo hi! Wel, myn dian i!
JEAN: Ia, fel'na buo hi. Rŵan ta, oes gen ti rywbeth go flasus imi, Kristin?
KRISTIN: *(Yn gosod y bwrdd a rhoi'r bwyd ar blât Jean.)* Dim ond rhyw damaid o lwlen dorrais i o'r darn cig llo 'na.
JEAN: *(Yn ogleuo'r bwyd)* Bendigedig! *Delicieux!* *(Y mae'n teimlo'r plât.)* Mi f'asat ti wedi medru twymo'r plât, b'asat?
KRISTIN: 'Rydach chi'n fwy cysetlyd na'r Cownt ei hun pan ydach chi'n dechra' arni. *(Y mae'n tynnu ei wallt yn gariadus.)*
JEAN: *(Yn gas)* Paid â thynnu 'ngwallt i. Mi wyddost ti fod hyn' na'n fy nghael i.
KRISTIN: Rŵan, rŵan, dy garu di 'dw i, ynte? *(Y mae Jean yn bwyta. Daw Kristin â photel o gwrw i'r bwrdd.)*
JEAN: Cwrw? Ar Noswyl Ifan? Dim diolch yn fawr. Mae gen i rywbeth gwell. *(Y mae'n agor drôr y bwrdd a thynnu allan botel o win coch â sêl aur arni.)* Sêl aur, yldi. Rŵan, tyrd â gwydryn imi. Gwydryn gwin go iawn efo coes, i yfed gwin heb ddŵr ar ei gyfyl o — pur. *(Y mae Kristin yn mynd yn ôl at y stôf a rhoi sosban fach arni.)*
KRISTIN: Duw a helpo pwy bynnag gaiff chi'n ŵr. 'Welais i neb erioed mor gysetlyd.
JEAN: Twt lol. Mi f'asat ti'n falch ar y naw o gael dyn nobl 'run fath â fi; ac 'wnaeth o 'rioed fawr o ddrwg i ti gael dy alw'n gariad i mi. *(Y mae'n blasu'r gwin.)* Iawn! Da iawn! Mi fedra' fod ryw fymryn bach yn gynhesach. *(Y mae'n cynhesu'r gwydryn â'i law.)* Yn Dijon y pryn'som ni hwn. Mi gostiodd bedwar ffranc y litr — o'r gasgen oedd hynny — heb gyfri'r dreth wedyn. Be' wyt ti'n ei wneud rŵan? Ogla' uffernol arno fo.
KRISTIN: O, rhyw gachu diawl mae Miss Julie eisio imi 'i wneud i Diana.
JEAN: Gwylia dy araith, Kristin. Pam y dylat ti wneud bwyd i ryw

KRISTIN:	ast felltith ar ddydd gŵyl? Ydi hi'n giami neu rywbeth? Ydi, mae hi. Mi sleifiodd hi allan efo ci bach y loj a rŵan mae hi mewn trwbwl, a 'dydi Miss Julie ddim eisio hynny, 'dach chi'n gweld.
JEAN:	Mae Miss Julie yn rêl gwraig fawr mewn rhai petha' ond 'does ganddi hi ddim digon o urddas mewn petha' eraill, yn union 'run fath â'r Cowntes o'i blaen hi. 'Roedd honno'n gartrefol braf yn y gegin a'r beudy, ond 'doedd un ceffyl ddim yn ddigon i dynnu'i cherbyd hi — o, na! Mi fydda' torcha'i llewys hi'n fudur ond 'roedd yn rhaid cael y goronig ar y botyma'. A dyma Miss Julie wedyn, gan mai amdani hi 'rydan ni'n sôn — 'dydi hi'n malio dim amdani'i hun nac am yr argraff mae hi'n ei chreu. Yn fy marn i, 'does ganddi hi ddim urddas. Gynna', pan oedd hi'n dawnsio yn y 'sgubor mi dynnodd hi'r cipar oddi wrth ochr Anna a mynnu ei fod o'n dawnsio efo hi. 'F'asan ni byth yn gwneud peth fel'na, ond dyna be' sy'n digwydd pan mae'r byddigions eisio bod yn gyffredin — maen nhw'n mynd yn goman! Ond mae hi'n ddynes ddigon o ryfeddod...drawiadol. O, y 'sgwydda' 'na... ac... yn y blaen!
KRISTIN:	'Does dim eisio colli'ch pen, nac oes? 'Rydw i wedi clywed be' mae Clara'n ei ddeud, a hi sy'n gwisgo amdani.
JEAN:	Clara, wir! 'Rydach chi ferched i gyd yn cenfigennu wrth eich gilydd. 'Rydw i wedi bod allan yn reidio efo hi . . . a'r ffordd mae hi'n dawnsio . . . wel!
KRISTIN:	Gwrand'wch, Jean. Mi wnewch chi ddawnsio efo fi pan ydach chi'n barod, gwnewch?
JEAN:	Gwnaf, wrth gwrs.
KRISTIN:	Ydach chi'n addo?
JEAN:	Addo? Os ydw i'n deud y gwna'i rywbeth, yna 'rydw i'n ei wneud o. Diolch am y bwyd, beth bynnag. Blasus iawn. *(Y mae'n rhoi'r corcyn ar y botel.)*
MISS JULIE:	*(Wrth y drws, yn siarad â rhywun y tu allan)* Mi fydda' i'n ôl mewn chwinciad. Cerwch chi yn eich blaena'. *(Y mae Jean yn taro'r botel yn ôl yn y drôr ac yn codi'n gwrtais. Daw Miss Julie i mewn a mynd at Kristin wrth y stôf.)*
MISS JULIE:	Wel, ydi popeth yn barod? *(Y mae Kristin yn gwneud arwydd fod Jean yno.)*
JEAN:	*(Yn foneddigaidd)* Oes gan y boneddigesau gyfrinacha' i'w trafod?

MISS JULIE:	*(Yn ei daro'n ysgafn yn ei wyneb â'i hances)* Peidiwch â busnesu!
JEAN:	O, am ogla' da! Fioleda'.
MISS JULIE:	*(Yn chwareus)* Am bowld! 'Rydach chi'n gwybod pob dim am bersawr hefyd, mae'n debyg? 'Rydach chi'n gwybod sut i ddawnsio, beth bynnag. Rŵan 'ta, peidiwch ag edrych. Cerwch o'ma!
JEAN:	*(Yn hy, ond yn gwrtais)* A beth yr ydych chi, foneddigesau, yn ei gymysgu? Rhyw drwyth hudolus ar gyfer Noswyl Ifan? Rhywbeth i ddeud eich ffortiwn a chael cip ar y sawl sydd ar eich cyfer chi?
MISS JULIE:	*(Yn gwta)* Mi fyddai'n rhaid cael llygaid barcud i weld hwnnw. *(Wrth Kristin)* Rho fo mewn potel fach a thro'r corcyn yn dynn arni hi. Dowch rŵan, Jean, i ddawnsio'r *schottische* efo fi.
JEAN:	*(Yn betrus)* 'Does arna'i ddim eisio bod yn anghwrtais efo neb, ond 'rydw i wedi addo'r ddawns yma i Kristin . . .
MISS JULIE:	Wel, mi fedrith hi gael un arall, debyg? *(Wrth Kristin)* Medri Kristin? 'Wnei di roi benthyg Jean i mi?
KRISTIN:	Nid fi sydd i ddeud. Os ydi Madame yn dangos y fath ffafr, nid ei le o ydi gwrthod. Cerwch, Jean, a diolchwch am yr anrhydedd.
JEAN:	A siarad yn blaen, ond heb fod eisio brifo neb, 'rydw i'n dal i feddwl tybed ydi o'n beth call i Miss Julie ddawnsio ddwywaith ar ôl ei gilydd efo'r un partner, yn enwedig gan fod y bobol ffordd 'ma mor barod i gamddehongli petha!
MISS JULIE:	*(Yn gwylltio)* Pa fath o betha'? Camddehongli be'? Be 'ydach chi'n ei feddwl?
JEAN:	*(Yn ostyngedig)* Gan fod Madame yn mynnu peidio â deall, yna mi fydd yn rhaid imi siarad yn fwy plaen. 'Dydi o ddim yn edrych yn iawn i chi ddangos ffafr tuag at un o'ch gweision tra mae'r lleill hefyd yn disgwyl cael yr anrhydedd anarferol 'ma.
MISS JULIE:	Dangos ffafr? Am syniad! 'Rydw i'n synnu atoch chi! Fel meistres y tŷ mi 'rydw i yn anrhydeddu dawns y gweision wrth fynd iddi, a rŵan pan mae arna'i eisio dawnsio mae'n rhaid imi gael rhywun sy'n medru arwain rhag imi fod yn destun sbort i bawb.
JEAN:	Os dyna ydi gorchymyn Madame, 'rydw i yma i wasanaethu.
MISS JULIE:	*(Yn fwyn)* Peidiwch â meddwl 'mod i'n rhoi gorchymyn. Heno, 'rydan ni i gyd yma yn hapus efo'n gilydd — yn dathlu

JEAN: — heb feddwl am wahaniaeth gradd. Felly, rhowch eich braich i mi. Paid â phoeni, Kristin, 'dydw i ddim am ddwyn dy gariad di.
(Yn cynnig ei fraich i Miss Julie a'i harwain allan)

PANTOMEIM

(Dylid chwarae hwn fel petai'r actores ar ei phen ei hun; y mae'n troi ei chefn at y gynulleidfa fel y bo angen; nid yw'n edrych tuag at y gynulleidfa, ac ni ddylai frysio fel petai arni ofn i'r gynulleidfa golli amynedd.
KRISTIN, ar ei phen ei hun. Clywir sŵn ysgafn ffidil yn y pellter yn chwarae alaw schottische. *Y mae Kristin yn mwmian i guriad y gerddoriaeth. Y mae'n tacluso'r bwrdd ar ôl Jean, yn golchi'r plât yn y sinc, yn ei sychu a'i gadw mewn cwpwrdd. Wedyn, y mae'n tynnu ei ffedog ac yn estyn drych bach o ddrôr a'i roi i sefyll yn erbyn y potyn lelog ar y bwrdd. Y mae'n goleuo cannwyll a chynhesu pin gwallt yn y fflam. Yna y mae'n cyrlio'r cudynnau ar ei thalcen â'r pin.*
Ar ôl hynny y mae'n mynd at y drws a gwrando.
Yna â'n ôl at y bwrdd. Gwêl yr hances a adawodd Miss Julie ar ei hôl. Y mae'n ei chodi, yn ei harogleuo a'i hagor yn fyfyriol. Yna y mae'n ei smwddio â'i llaw a'i phlygu'n bedwar.)

JEAN: *(Yn dod i mewn ar ei ben ei hun)* Ydi, mae hi yn wirion bost, wir rŵan. Am ffordd i ddawnsio! A'r gweision yn sefyll y tu ôl i'r drysau yn chwerthin. Be' wyt ti'n 'i feddwl, Kristin?

KRISTIN: O, mae hi'n amser y mis arni hi, 'tydi? Mae hi bob amser braidd yn od yr adeg hynny. 'Ddowch chi i ddawnsio efo fi rŵan?

JEAN: 'Dwyt ti ddim yn flin efo fi, felly, am dy adael di fel'na?

KRISTIN: Nac ydw, debyg, ddim am beth mor bitw — mi wyddoch chi hynny. Beth bynnag, mi wn i fy lle . . .

JEAN: *(Yn rhoi ei fraich am ei chanol)* 'Rwyt ti'n hogan gall, Kristin, ac mi wnei di wraig dda . . .

MISS JULIE: *(Yn dod i mewn, yn synnu; y mae hi'n flin, ond gwna ymdrech i siarad yn ddidaro.)* Wel, gŵr bonheddig ar y naw ydach chi — yn rhedeg i ffwrdd oddi wrth eich partner fel'na.

JEAN: I'r gwrthwyneb, Miss Julie. Fel y gwelwch chi, 'rydw i wedi brysio'n ôl at yr un adewais i.

MISS JULIE:	*(Yn newid ei thôn)* Wyddoch chi — 'rydach chi'n dawnsio'n well na'r un ohonyn 'nhw. Ond pam ydach chi'n dal i fod yn eich lifrai ar noson gŵyl? Tynnwch nhw ar unwaith!
JEAN:	Mi fydd rhaid imi ofyn i chi fynd allan am funud felly, Miss Julie, gan fod fy nghôt ddu i yn hongian yn fan'na. *(Y mae'n mynd tua'r dde gan amneidio.)*
MISS JULIE:	Ydi'r ffaith 'mod i yma yn eich gwneud chi'n swil? Yn rhy swil i newid eich côt hyd yn oed? Cerwch i'ch 'stafell, 'ta, a dowch yn ôl wedyn. Neu arhoswch yma ac mi droa'i fy nghefn.
JEAN:	Gyda'ch caniatâd, Miss Julie. *(Y mae'n mynd i'r dde; gellir gweld ei fraich wrth iddo newid ei gôt.)*
MISS JULIE:	*(Wrth Kristin)* Gwranda, Kristin, wyt ti a Jean wedi dyweddïo? Hy iawn arnat ti, 'tydi?
KRISTIN:	Dyweddïo? Do, am 'wn i. Ei alw fo'n hynny, 'tydan?
MISS JULIE:	Ei alw fo . . . ?
KRISTIN:	Wel, 'roeddach chi'ch hun wedi dyweddïo Miss, . . .
MISS JULIE:	Oeddwn, ond 'roeddem ni wedi dyweddïo go iawn . . .
KRISTIN:	Ond 'ddaeth dim byd o'r peth wedi'r cwbl . . . *(Y mae Jean yn dod i mewn yn gwisgo côt laes ddu a het fowler ddu.)*
MISS JEAN:	*Très gentil, monsieur Jean! Très gentil!*
JEAN:	*Vous voulez plaisanter, Madame!*
MISS JULIE:	*Et, vous voulez parler français?* Ble ddysgoch chi hyn'na?
JEAN:	Yn y Swistir pan oeddwn i'n *sommelier* yn un o westai mwya' Lucerne.
MISS JULIE:	'Rydach chi'n edrych yn rêl gŵr bonheddig, wir, yn y gôt laes 'na. *Charmant!* *(Y mae hi'n eistedd i lawr wrth y bwrdd.)*
JEAN:	O, 'rydach chi'n seboni, rŵan.
MISS JULIE:	*(Wedi pwdu)* Seboni?
JEAN:	Y mae fy ngwyleidd-dra naturiol i yn fy atal i rhag credu bod eich geiria' canmoliaethus yn wir am rywun fel fi, felly 'rydw i wedi gorfod cymryd yn ganiataol eich bod wedi bod yn gor-ddweud, neu mewn geiria' eraill, wedi bod yn seboni.
MISS JULIE:	Ble ddysgoch chi raffu geiria' fel'na? Mae'n rhaid eich bod chi wedi mynd i'r theatr yn bur aml.
JEAN:	O, do — 'rydw i wedi bod o gwmpas dipyn go lew.
MISS JULIE:	Ond un o'r cyffinia' yma ydach chi, ynte?
JEAN:	'Roedd 'nhad yn was ffarm ar y 'stad nesa' — 'stad Twrnai'r

MISS JULIE:	Ardal. Mi fyddwn i'n arfer eich gweld chi pan oeddech chi'n blentyn, Miss Julie, er na ddaru chi 'rioed sylwi arna'i. 'Fyddech chi, wir?
JEAN:	Byddwn, ac 'rydw i'n cofio un tro yn arbennig . . . ond 'fedra'i ddim sôn am hynny!
MISS JULIE:	Medrwch! Dowch! Pam lai? Am unwaith.
JEAN:	Na, 'fedra'i ddim rŵan. Rywbryd eto, e'lla.
MISS JULIE:	'Byth' ydi ystyr 'rhywbryd', ynte? . . . Pa ddrwg ddaw o'i ddeud o rŵan?
JEAN:	Dim drwg, ond mi fyddai'n well peidio . . . Wel, wir, 'drychwch arni hi! *(Y mae'n pwyntio at Kristin, sydd wedi syrthio i gysgu yn y gadair ger y stôf.)*
MISS JULIE:	Mi wnaiff hon'na wraig hyfryd, yn gwnaiff? Ydi hi'n chwyrnu hefyd?
JEAN:	Nac ydi, ond mae hi'n siarad yn ei chwsg.
MISS JULIE:	*(Yn sinigaidd)* Sut y gwyddoch chi ei bod hi'n siarad yn ei chwsg?
JEAN:	*(Yn ddidaro)* 'Rydw i wedi ei chlywed hi. *(Saib, tra maent yn edrych ar ei gilydd.)*
MISS JULIE:	Pam na 'steddwch chi?
JEAN:	'Fedra'i ddim caniatáu i mi fy hun wneud hynny yn eich gŵydd chi!
MISS JULIE:	Ond beth petawn i'n rhoi gorchymyn ichi?
JEAN:	Yna, mi fyddwn i yn ufuddhau.
MISS JULIE:	'Steddwch, felly. Na, arhoswch. 'Fedrwch chi ddod â diod imi yn gynta'?
JEAN:	'Dwn i ddim be' sy'n y bocs rhew. Dim ond cwrw, mae'n debyg.
MISS JULIE:	Pam 'dim ond cwrw'? Mae fy chwaeth i mor syml fel bod yn well gen i gwrw na gwin.
JEAN:	*(Yn tynnu potel o gwrw o'r bocs rhew a'i hagor; y mae'n chwilio yn y cwpwrdd am wydryn a phlât i'w ddal, ac yna'n gweini arni hi.)* At eich gwasanaeth!
MISS JULIE:	Diolch. Pam na chymerwch chitha' ddiferyn?
JEAN:	'Does gen i fawr i'w ddweud wrth gwrw, ond os ydi Madame yn rhoi gorchymyn imi.
MISS JULIE:	Gorchymyn? Mi f'aswn i'n meddwl y b'asach chi, a chitha'n fath ŵr bonheddig, yn medru cadw cwmpeini i foneddiges.
JEAN:	'Rydach chi'n iawn. *(Y mae'n agor potel arall ac estyn gwydryn.)*
MISS JULIE:	Rŵan 'ta, yfwch iechyd da i mi. *(Y mae Jean yn petruso.)*

JEAN:	'Dydi hogyn mawr fath â chi 'rioed yn swil, debyg? *(Ar ei liniau, yn cellwair a gor-wneud y cwrteisi: y mae'n codi ei wydryn.)* Iechyd da, meistres!
MISS JULIE:	Gwych! Rŵan mi gewch chi gusanu fy esgid i hefyd i wneud popeth mewn steil. *(Y mae Jean yn petruso i gychwyn, ond yna'n gafael yn hy yn ei throed a'i chusanu'n ysgafn.)*
MISS JULIE:	Ardderchog! Mi ddylsach chi fod yn actor.
JEAN:	*(Yn codi)* Rhaid rhoi taw ar hyn, Miss Julie. Mi fedra' rhywun ddod i mewn a'n gweld ni.
MISS JULIE:	Be' ydi'r ots?
JEAN:	Mae pobol yn siarad, dyna'i gyd. A phetaech chi'n gwybod sut 'roedden nhw'n clebran yn fan'cw gynna' . . .
MISS JULIE:	Pa fath o betha' 'roedden' nhw'n 'i ddeud? Deudwch wrtha'i. 'Steddwch rŵan.
JEAN:	*(Yn eistedd)* 'Does arna'i ddim eisio'ch brifo chi, ond 'doedd eu haraith nhw ddim yn rhyw . . . 'roedden' nhw'n awgrymu . . . o, wel, mi wyddoch chi'r math o beth . . . Nid plentyn ydach chi, a phan welan' nhw wraig fonheddig yn yfed, ar ei phen ei hun efo dyn — a hwnnw'n was hefyd . . . yn y nos . . . wel . . .
MISS JULIE:	Wel, be'? Beth bynnag, 'dydan ni ddim ar ein penna'n hunain. Mae Kristin yma.
JEAN:	Ydi — yn cysgu.
MISS JULIE:	Mi deffra'i hi, 'ta. *(Y mae'n codi.)* Kristin, wyt ti'n cysgu?
KRISTIN:	*(Yn ei chwsg)* Mmm . . . mmm . . .
MISS JULIE:	Kristin! Un dda am gysgu ydi hon!
KRISTIN:	*(Yn ei chwsg)* Mae 'sgidia'r Cownt wedi eu llnau . . . rhowch y coffi ar y stôf . . . rŵan, rŵan, rŵan . . . *(Y mae'n mwmian a thuchan.)*
MISS JULIE:	*(Yn cydio yn ei thrwyn)* Deffra, wnei di!
JEAN:	*(Yn gas)* Ddyliech chi ddim tarfu ar rywun sy'n cysgu.
MISS JULIE:	*(Yn gwta)* Be'?
JEAN:	Mae rhywun sydd wedi bod uwchben stôf drwy'r dydd yn siŵr o fod wedi blino erbyn nos. Ac mi ddylid parchu cwsg.
MISS JULIE:	*(Yn newid ei thôn)* Am agwedd hyfryd! Chwarae teg i chi, wir. Diolch i chi am hyn'na. *(Y mae'n cynnig ei llaw iddo.)* Rŵan dowch allan i hel dipyn o lelog i mi.

(Yn ystod yr hyn sydd yn dilyn y mae Kristin yn deffro ac yn mynd yn gysglyd i'r dde i'w hystafell wely.)

9

JEAN:	Allan efo Madame?
MISS JULIE:	Allan efo fi.
JEAN:	'Wnâi hynny ddim mo'r tro o gwbl.
MISS JULIE:	'Dydw i ddim yn eich deall chi. 'Dydach chi 'rioed yn dychmygu . . .
JEAN:	'Dydw *i* ddim, ond beth am bobol eraill?
MISS JULIE:	Be'? 'Mod i'n cael *affair* efo'r gwas?
JEAN:	'Dydw i ddim yn berson hunandybus ond mae petha' fel'na yn digwydd, a 'does gan y bobol 'ma ddim parch at ddim byd . . .
MISS JULIE:	Dipyn o aristocrat, 'tydach?
JEAN:	Ydw, mi ydw i.
MISS JULIE:	Mi wna'i gamu i lawr . . .
JEAN:	Peidiwch â chamu i lawr, Miss Julie, gwrand'wch ar fy nghyngor i . . . 'Wnaiff neb goelio eich bod chi wedi camu i lawr o'ch gwirfodd. Mi fydd pobol yn siwr o ddeud mai syrthio wnaethoch chi.
MISS JULIE:	Mae gen i fwy o feddwl o bobol na chi. Dowch i ni roi prawf ar hyn. Dowch. *(Y mae'n syllu arno.)*
JEAN:	'Rydach chi'n od, wyddoch chi.
MISS JULIE:	E'lla 'mod i. Ond 'rydach chitha' hefyd. 'Ran hynny mae popeth yn od. Bywyd, pobol, popeth, yn ddim byd ond llaid yn llifo, llifo ar wyneb y dŵr nes iddo fo suddo, suddo. Mae gen i freuddwyd sy'n dod bob hyn a hyn, ac mi rydw i'n cael f'atgoffa ohono fo rŵan. 'Rydw i wedi dringo i ben piler ac 'rydw i'n eistedd yno. 'Fedra'i ddim gweld ffordd i ddod i lawr. Pan edrycha'i i lawr 'rydw i'n cael pendro. Mae'n rhaid imi ddod i lawr, ond 'does gen i mo'r plwc i daflu fy hun. 'Fedra'i ddim dal fy ngafael ac 'rydw i'n ysu am fedru disgyn ond 'dydw i ddim yn disgyn. Ac eto 'cha'i ddim llonydd nes imi ddod i lawr, dim heddwch nes imi ddod i lawr — i lawr i'r ddaear. A phetawn i yn dod i'r llawr, yna mi f'aswn i eisiau mynd i mewn i'r ddaear ei hun . . . 'Ydach chi wedi teimlo rhywbeth fel'na erioed?
JEAN:	Naddo! Fel rheol mi fydda'i yn breuddwydio fy mod i'n gorwedd dan goeden uchel mewn coedwig dywyll. Mae arna'i eisio mynd i fyny, i fyny i'w phen ucha' ac edrych ar yr olygfa ddisglair o'm cwmpas lle mae'r haul yn tywynnu, ac yna ysbeilio'r nyth sydd yno yn dal yr wyau aur. Ac mi fydda'i yn dringo a dringo, ond mae'r bôn mor braff a llyfn, ac mae hi mor bell at y gangen gynta'. Ond mi wn i petawn i ddim

	ond yn cyrraedd y gangen gynta' 'na, yna mi fyddwn i'n mynd yn fy mlaen wedyn fel petawn i ar ysgol. 'Dydw i ddim wedi ei chyrraedd hi hyd yn hyn, ond mi wna'i, petai dim ond mewn breuddwyd.
MISS JULIE:	Dyma fi wrthi'n siarad am freuddwydion efo chi. Dowch! Dim ond allan i'r parc.
	(Y mae hi'n cynnig ei braich iddo ac ânt allan.)
JEAN:	Rhaid inni gysgu ar naw blodyn Gŵyl Ifan heno er mwyn i'n breuddwydion ni ddod yn wir, Miss Julie.
	(Y mae Miss Julie a Jean yn troi wrth y drws. Y mae Jean yn codi ei law at un o'i lygaid.)
MISS JULIE:	'Ga'i weld be' sydd yn eich llygad chi?
JEAN:	O, 'dydi o'n ddim byd. Dim ond tipyn o lwch. Mi fydd o'n iawn yn y munud.
MISS JULIE:	Mae'n rhaid fod fy llawes i wedi taro'n eich erbyn chi; 'steddwch rŵan er mwyn imi'ch helpu chi. *(Y mae'n cydio yn ei fraich a'i roi i eistedd; y mae'n gafael yn ei ben a'i wthio'n ôl, yna y mae'n ceisio tynnu'r llwch allan â chornel ei hances.)* 'Steddwch yn llonydd rŵan, yn hollol lonydd *(Y mae'n taro ei law.)* Dowch, gwnewch fel 'rydw i'n deud. 'Choelia'i byth nad ydi'r hogyn mawr cry' 'ma yn crynu! *(Y mae'n teimlo bôn ei fraich.)* A'r fath freichia'!
JEAN:	*(Yn ei rhybuddio)* Miss Julie!
MISS JULIE:	Ia, *monsieur* Jean?
JEAN:	*Attention! Je ne suis qu'un homme!*
MISS JULIE:	'Steddwch yn llonydd, 'wnewch chi? Dyna ni. Dyna fo wedi dod allan. Cusanwch fy llaw i a diolch imi.
JEAN:	*(Yn codi)* Miss Julie! Gwrand'wch arna'i! Mae Kristin wedi mynd i'w gwely rŵan. 'Wnewch chi wrando arna'i?
MISS JULIE:	Cusanwch fy llaw i yn gynta'.
JEAN:	Gwrand'wch arna'i!
MISS JULIE:	Cusanwch fy llaw i yn gynta'!
JEAN:	O'r gora', ond arnoch chi fydd y bai.
MISS JULIE:	Am be?
JEAN:	Am be? Plentyn ydach chi, a chitha'n bump ar hugain oed? 'Wyddoch chi ddim ei bod hi'n beryg' chwarae efo tân?
MISS JULIE:	Ddim i mi. 'Rydw i wedi fy yswirio.
JEAN:	*(Yn hy)* Nac ydach, wir! A hyd yn oed os ydach chi mae 'na ddigon o danwydd o gwmpas i gynna' tân.
MISS JULIE:	Chi, mewn geiria' eraill.
JEAN:	Ia! Nid am mai fi ydw i, ond am mai dyn ifanc ydw i . . .

MISS JULIE: A hwnnw'n un golygus? Am falchder anhygoel! Don Juan e'lla. Neu Joseff! Wel, ar fy llw — 'dw i'n credu mai rhyw Joseff ydach chi.
JEAN: Ydach chi'n meddwl hynny?
MISS JULIE: Mae arna'i ofn fy mod i.
(Y mae Jean yn camu ymlaen yn hy ac yn ceisio gafael am ei chanol a'i chusanu.)
MISS JULIE: *(Yn rhoi bonclust iddo)* Rhag eich cywilydd chi!
JEAN: Ydach chi o ddifri', 'ta dim ond cellwair ydach chi?
MISS JULIE: O ddifri'.
JEAN: Felly 'roeddech chi o ddifri' gynna' hefyd. 'Rydach chi ormod o ddifri' wrth chwarae ac mae hynny'n beth peryg'. 'Rydw i wedi blino ar y gêm 'ma rŵan, a chydach caniatâd mi a' i'n ôl at fy ngwaith. Rhaid i'r Cownt gael ei 'sgidiau'n barod mewn pryd, ac mae hi 'mhell wedi hanner nos.
MISS JULIE: Rhowch y 'sgidia 'na i lawr.
JEAN: Na wna'. Mae hyn yn ddyletswydd i mi, ac y mae'n rhaid imi ei wneud o, ond 'dydi o ddim yn rhan o 'nyletswydd i i chwarae efo chi. 'Wna'i ddim. Mae gen i ormod o barch i mi fy hun i wneud hynny.
MISS JULIE: Mae gennych chi feddwl mawr ohonoch eich hun.
JEAN: Oes, weithia', ond nid bob amser.
MISS JULIE: 'Fuoch chi mewn cariad erioed?
JEAN: Nid dyna'r gair ddefnyddiwn ni, ond 'rydw i wedi ffansïo llawer o genod, ac unwaith 'roeddwn i'n sâl am na fedrwn i gael yr un 'roedd arna'i heisio, yn sâl, 'wyddoch chi, fel y tywysogion hynny yn chwedlau'r Mil Noswaith ac Un — y rheini oedd yn methu bwyta nac yfed am eu bod nhw mewn cariad.
MISS JULIE: Pwy oedd hi? *(Nid yw Jean yn ateb.)* Pwy oedd hi?
JEAN: 'Fedrwch chi ddim mo 'ngorfodi i i ddeud.
MISS JULIE: A phetawn i'n gofyn i chi fel rhywun cydradd, yn gofyn fel . . . ffrind . . . Pwy oedd hi?
JEAN: Chi oedd hi.
MISS JULIE: *(Yn eistedd i lawr)* Digri' iawn!
JEAN: Ydi, os leciwch chi. Mi 'roedd o'n beth hurt. Ylwch, dyma'r stori nad oeddwn i ddim yn fodlon ei deud wrthych chi gynna', ond mi wna'i rŵan. 'Wyddoch chi sut olwg sy ar y byd o'r gwaelodion 'na? Go brin! 'Run fath â'r hebogiaid a'r gweilch 'na welwch chi mo'u cefna' nhw byth bron am eu bod nhw'n hofran mor uchel. 'Roeddwn i'n byw mewn hofel gwas efo

	saith o frodyr a chwiorydd a mochyn, allan yn y caeau llwm heb yr un goeden yn tyfu yno. Ond o'r ffenest, mi fedrwn i weld wal parc y Cownt a'r coed afalau uwch ei phen hi. I mi, dyna Ardd Eden, ac 'roedd yna lu o angylion milain â chleddyfa' tanllyd yn sefyll yno yn ei gwarchod. Ond er gwaetha' hynny mi lwyddais i a'r hogia' eraill i gyrraedd pren y bywyd. 'Rydach chi'n ffieiddio ata'i rŵan?
MISS JULIE:	O, wel, mae pob hogyn yn dwyn 'fala'.
JEAN:	Digon hawdd deud hyn'na rŵan ond 'rydach chi'n ffieiddio ata' i yr un fath. Fel'na mae hi. Un tro mi ddois i mewn i'r baradwys 'ma efo fy mam i chwynnu'r gwelyau nionod. Ar un ochor i'r ardd 'roedd 'na bafiliwn Twrcaidd yng nghysgod llwyni jasmin, a gwyddfid yn tyfu drosto fo. 'Doedd gen i ddim syniad i be' 'roedd o'n dda, ond 'doeddwn i 'rioed wedi gweld adeilad mor hardd. Mi fyddai pobol yn mynd i mewn iddo fo ac yna'n dod allan, ac un diwrnod mi adawyd y drws yn agored. Mi sleifiais inna' i mewn a gweld y waliau wedi eu gorchuddio â lluniau o frenhinoedd ac ymerodron, ac 'roedd 'na lenni coch a thaselau'n hongian arnyn' nhw ar y ffenestri. Mi wyddoch chi rŵan am be' 'rydw i'n sôn, gwyddoch? Mi . . . *(Y mae'n torri darn o lelog a'i chwifio dan drwyn Miss Julie.)* 'Doeddwn i 'rioed wedi bod i mewn yn y plas o'r blaen, 'doeddwn i 'rioed wedi gweld dim byd heblaw yr eglwys — ond 'roedd hwn yn harddach. 'Waeth faint y crwydrai fy meddyliau — 'roeddyn' nhw bob amser yn dod yn ôl — i fan'na. A bob yn dipyn mi dyfodd rhyw ddyhead yno'i am gael profi'n llawn am unwaith y . . . wefr . . . o . . . *enfin*, mi sleifiais i mewn ac yna syllu a rhyfeddu. Ond . . . mae rhywun yn dod! 'Doedd 'na ddim ond un ffordd allan i'r byddigions ond 'roedd 'na ffordd arall i mi a 'doedd gen i ddim dewis ond ei chymryd hi! *(Y mae Miss Julie, a oedd wedi cymryd y lelog oddi arno, yn gadael i'r blodau ddisgyn ar y bwrdd.)* Yna mi ddechreuais i redeg; ei heglu hi drwy'r llwyni mafon, rhuthro ar draws y gwelyau mefus, a chael fy hun ar y teras rhosod. Ac yno cefais gip ar ffrog binc a phâr o sanau gwynion — chi oedd hi. Mi es i guddio dan domen o chwyn — o dani hi, dalltwch — dan ysgall oedd yn pigo a phridd glwyb oedd yn drewi'n uffernol. Mi fues i'n eich gwylio chi wrth ichi gerdded ymysg y rhosod, ac mi feddyliais i, 'os ydi o'n wir bod lleidr yn cael mynd i'r nefoedd a chael bod

	efo'r angylion, y mae'n beth od nad ydi plentyn un o'r gweision yma ar y ddaear ddim yn cael dod i mewn i barc y plas i chwarae efo merch y Cownt'.
MISS JULIE:	*(Braidd yn drist)* Ydach chi'n meddwl y bydda' pob plentyn tlawd wedi cael yr un teimlada' â chi?
JEAN:	*(Yn petruso i gychwyn, ac yna yn siarad ag argyhoeddiad.)* *Pob* plentyn tlawd? . . . bydda' . . . wrth gwrs! Wrth gwrs!
MISS JULIE:	Mae'n rhaid ei fod o'n beth ofnadwy bod yn dlawd.
JEAN:	*(Wedi ei frifo: y mae'n gorymateb.)* O, Miss Julie! O! — Mae ci yn cael gorwedd ar soffa'r Cowntes. Mae ceffyl yn cael mwytha' ar ei drwyn gan law merch ifanc, ond y gwas . . . *(Yn newid ei dôn)* ia, wel . . . weithia' mi welwch chi ambell un a chanddo fo ddigon o blwc i'w godi ei hun i fyny yn y byd, ond pa mor aml y gwelwch chi hynny? . . . 'Ta waeth, 'wyddoch chi be wnes i wedyn? Mi redais i lawr i ffrwd y felin ac i mewn â fi yn fy nillad: mi ddaru nhw fy llusgo i allan a rhoi cweir iawn i mi. Ond y Sul wedyn, pan oedd 'nhad a phawb arall o'r teulu wedi mynd i dŷ nain, mi lwyddais i gael fy ngadael ar ôl. Mi folchais i efo sebon a dŵr poeth, rhoi fy nillad gora' amdana' a mynd i'r eglwys er mwyn cael eich gweld chi. Mi'ch gwelais i chi ac mi es i adre' wedi penderfynu marw. Ond 'roedd arna'i eisio marw yn hardd ac yn hyfryd, heb boen. Yna mi gofiais i ei bod hi'n beryg' cysgu dan goeden ysgaw. 'Roedd gennym ni un fawr yn llawn bloda'. Mi dynn'is i bob blodyn oedd arni a mynd i orwedd 'danyn' nhw yn y cafn ceirch. Ydach chi wedi sylwi peth mor hyfryd ydi ceirch? . . . Yn feddal yn eich llaw chi fel croen rhywun. 'Ta waeth, mi dynnais y caead i lawr a chau fy llygaid; mi syrthiais i gysgu a phan ddeffrais i 'roeddwn i'n wironeddol sâl. Ond 'wnes i ddim marw, fel y gwelwch chi. Beth oedd arna'i eisio? 'Dwn i ddim. 'Doedd 'na ddim gobaith eich ennill chi, wrth reswm — ond mi 'roeddech chi'n symbol o ba mor anobeithiol oedd hi i mi godi o'r dosbarth yr oeddwn wedi fy ngeni iddo fo.
MISS JULIE:	'Rydach chi'n dipyn o ddeudwr, tydach? Aethoch chi i'r ysgol erioed?
JEAN:	Do, am sbel; ond 'rydw i wedi darllen llawer o nofela' a mynd dipyn i'r theatr. Beth bynnag, 'rydw i wedi clywed y byddigions yn siarad, ac oddi wrthyn' nhw y dysgais i fwya'.
MISS JULIE:	'Fyddwch chi'n sefyll yna yn gwrando arnom ni'n siarad?
JEAN:	Debyg iawn! Ac mi 'rydw i wedi clywed peth wmbredd o

	betha' hefyd, coeliwch chi fi . . . wrth eistedd ar focs y cerbyd neu wrth rwyfo'r cwch. Un waith mi'ch clywais i chi, Miss Julie, ac un o'ch ffrindia' . . .
MISS JULIE:	O? Be' glywsoch chi felly?
JEAN:	Ia, wel . . . Mi fyddai'n well imi beidio â deud: ond 'roeddwn i wedi synnu braidd. 'Dwn i ddim ble ddaru chi ddysgu'r holl eiria' 'na. E'lla nad oes 'na fawr o wahaniaeth rhwng pobol a'i gilydd yn y bôn.
MISS JULIE:	Rhag eich cywilydd chi! 'Dydan ni ddim yn ymddwyn 'run fath â chi pan ydan ni wedi dyweddïo.
JEAN:	*(Yn syllu arni hi)* Ydi hynna'n wir, 'sgwn i? 'Waeth i chi heb â chymryd arnoch wrtha'i eich bod chi'n ddiniwed, Miss Julie.
MISS JULIE:	Hen gena' oedd y dyn y rho'is i fy nghalon iddo fo.
JEAN:	Dyna be' 'rydach chi i gyd yn ei ddeud bob amser — wedyn.
MISS JULIE:	Bob amser?
JEAN:	Bob amser. Berffaith siwr. 'Rydw i wedi clywed yr un geiria' sawl gwaith ar adega' fel hyn.
MISS JULIE:	Pa adegau?
JEAN:	Adegau fel y rhai dan sylw. Y tro diwetha' . . .
MISS JULIE:	*(Yn codi ar ei thraed)* Tewch! 'Does arna' i ddim eisio clywed dim mwy . . .
JEAN:	'Doedd hitha' ddim chwaith, yn rhyfedd iawn. Wel, 'rydw i am ofyn am ganiatâd i fynd i'r gwely rŵan.
MISS JULIE:	*(Yn fwyn)* Mynd i'r gwely ar Noswyl Ifan?
JEAN:	Ia. Go brin y ca'i hwyl yn dawnsio efo'r tacla' 'na i fyny fan'cw.
MISS JULIE:	'Stynnwch y 'goriad ac ewch â fi allan yn y cwch ar y llyn. Mae arna'i eisio gweld yr haul yn codi.
JEAN:	'Fyddai hynny'n beth call?
MISS JULIE:	Mae'n swnio fel petaech chi'n poeni am eich enw da.
JEAN:	Pam lai? 'Does arna'i ddim eisio bod yn gyff gwawd. 'Does arna'i ddim eisio cael fy nhaflu ar y clwt heb eirda a finna' wrthi'n cael fy nhraed danaf. Ac mae gen i rywfaint o gyfrifoldeb tuag at Kristin.
MISS JULIE:	Felly wir? . . . Mae hi'n Kristin eto rŵan . . .
JEAN:	Ydi . . . a chitha hefyd. Gwrand'wch arna'i ac ewch i'ch gwely.
MISS JULIE:	Ydw i i fod i wrando arnoch chi rŵan?
JEAN:	Am y tro. Er eich lles eich hun. 'Rydw i'n erfyn arnoch chi! Mae'n hwyr iawn, ac mae colli cwsg yn gwneud rhywun yn benysgafn ac yn benboeth ar yr un pryd. Cerwch i'r gwely 'na! Beth bynnag, os nad ydi 'nghlustiau i yn fy nhwyllo i

mae'r gweision ar eu ffordd yma i fy nôl i. Ac os cawn nhw hyd i ni yma efo'n gilydd yna mi fydd hi wedi canu arnoch chi!

Clywir corws o leisiau yn nesáu dan ganu
Dwy eneth ddel 'ddaeth i lawr o'r coed
Ffol-rwdi-rol-ridi-rwdi-ridi-rol
Un eneth ddel wedi gwlychu'i throed
Ffol-rwdi-rol-rwdi-rol.

'Roeddan' nhw'n sôn am ganpunt a mwy
Ffol-rwdi-rol-ridi-rwdi-ridi-rol
Hei lwc y cân' nhw geiniog neu ddwy
Ffol-rwdi-rol-rwdi-rol.

Garlant o flodau 'rois i un ferch
Ffol-rwdi-rol-ridi-rwdi-ridi-rol
Ond geneth arall sy'n mynd â'm serch
Ffol-rwdi-rol-rwdi-rol.

MISS JULIE:	'Rydw i'n 'nabod y gweision ac mi 'rydw i'n eu caru nhw fel y maen' nhwtha'n fy ngharu i. Gadewch iddyn' nhw ddod, ac mi gewch chi weld.
JEAN:	Na, Miss Julie, 'dydyn' nhw ddim yn eich caru chi. Maen' nhw'n cymryd eich bwyd chi ond maen' nhw'n poeri arnoch chi y tu ôl i'ch cefn. Coeliwch fi! Gwrand'wch arnyn' nhw, gwrand'wch ar be' maen' nhw'n ei ganu! . . . Na, peidiwch!
MISS JULIE:	*(Yn gwrando)* Be' maen' nhw'n ei ganu?
JEAN:	Cân fudur ydi hi — maen' nhw'n ein gwawdio ni'n dau.
MISS JULIE:	Rhag eu cywilydd nhw! Ych-a-fi! Dyna dan-din!
JEAN:	Cachgwn fuo tacla fel'na erioed. Yr unig ffordd i ymladd efo nhw ydi rhedeg i ffwrdd.
MISS JULIE:	Rhedeg i ffwrdd? I ble? 'Fedrwn ni ddim mynd allan, a fedrwn ni ddim mynd i 'stafell Kristin chwaith.
JEAN:	Wel, i fy 'stafell i, 'ta. Trech angen na dewis; ac mi fedrwch chi ymddiried yno'i. 'Rydw i'n ffrind cywir, diffuant a pharchus i chi.
MISS JULIE:	Ond meddyliwch . . . beth petaen' nhw'n dod i chwilio amdanoch chi yno?
JEAN:	Mi ro' i'r bollt ar y drws ac os treian' nhw ei falu o, mi saetha'i. Dowch *(ar ei liniau)* Dowch!
MISS JULIE:	*(Yn daer)* Ydach chi'n addo?

JEAN:	Ar fy llw!
	(Y mae Miss Julie yn mynd allan yn gyflym i'r dde a Jean yn brysio ar ei hôl.)

BALLET

(Daw'r gwerinwyr i mewn yn gwisgo dillad gŵyl a blodau yn eu hetiau. Y mae ffidlwr yn eu harwain. Y maent yn gosod casgen o gwrw a baril fach o wirod wedi ei haddurno â dail ar y bwrdd; ânt i nôl gwydrau a dechrau yfed. Yna y maent yn ffurfio cylch ac yn dechrau perfformio rhyw fath o gân actol i eiriau 'Dwy eneth ddel 'ddaeth i lawr o'r coed'. Wedi iddynt orffen ânt allan dan ganu.

Daw Miss Julie i mewn ar ei phen ei hun. Y mae'n gweld y llanast yn y gegin ac yn gwasgu ei dwylo; yna y mae'n estyn ei phowdwr ac yn dechrau powdro ei hwyneb.

JEAN:	*(Yn dod i mewn, wedi cynhyrfu)* Ydach chi'n gweld rŵan? 'Glywsoch chi hyn'na? Ydach chi'n meddwl y medrwn ni aros yma rŵan?
MISS JULIE:	Nac ydw. Ond be' fedrwn ni ei wneud, 'ta?
JEAN:	Mynd i ffwrdd. Teithio. Yn bell o'ma.
MISS JULIE:	Teithio? Ia, ond i ble?
JEAN:	I'r Swistir. I lynnoedd yr Eidal. 'Fuoch chi yno erioed?
MISS JULIE:	Naddo. Ydyn' nhw'n hardd?
JEAN:	O, haf diderfyn, orennau, coed llawryf . . . o . . . !
MISS JULIE:	Ond be 'wnawn ni wedyn?
JEAN:	Mi wna'i agor gwesty — popeth gora' i'r bobol ora'.
MISS JULIE:	Gwesty?
JEAN:	Dyna'r bywyd, coeliwch fi. Wyneba' newydd drwy'r amser, ieithoedd newydd, dim munud o lonydd i rywun fwydro na phoeni. Dim gorfod meddwl am rywbeth i'w wneud. Mi fydd y gwaith yn pentyrru arnom ni; clycha'n canu ddydd a nos, trena'n chwibanu, omnibuses yn mynd a dod, a'r darna' aur yn llifo i mewn i'n coffra' ni rownd y rîl. Dyna'r bywyd!
MISS JULIE:	Ia, bywyd braf. Ond beth amdana' i?
JEAN:	Meistres y tŷ, addurn y sefydliad. Efo'ch harddwch chi . . . a'ch steil chi . . . o, mae'n siŵr o lwyddo. Bendigedig! Mi fyddwch chi'n eistedd yno fel brenhines yn y swyddfa yn gwneud i'ch caethweision ei sgrialu hi wrth gyffwrdd botwm trydan. Mi fydd y gwesteion yn llifo heibio i'ch gorsedd chi ac yn gadael eu teyrnged yn nerfus ar eich bwrdd. 'Does gennych chi ddim syniad sut mae pobol yn crynu pan gân'

nhw fil yn eu dwylo. Mi hallta'i y bilia' ac mi gewch chi eu melysu nhw wedyn efo'ch gwên deca'. O, gadewch inni fynd yn bell o'r lle 'ma. *(Y mae'n tynnu amserlen o'i boced.)* Ar unwaith — ar y trên nesa'! Mi fyddwn ni yn Malmö erbyn hanner awr wedi chwech, yn Hamburg ugain munud i naw bore 'fory; diwrnod i fynd o Frankfurt i Basle, ac yna i Como drwy'r St. Gothard ymhen . . . gadewch imi weld . . . ymhen tri diwrnod. Tri diwrnod!

MISS JULIE: Iawn. Iawn. Ond Jean, rhaid i ti fagu plwc yno'i. Deuda dy fod ti'n fy ngharu i. Rho dy freichia' amdana'i.

JEAN: *(Yn betrus)* Mi hoffwn i, ond 'feiddia'i ddim. Ddim yma yn y tŷ 'ma . . . byth eto. 'Rydw i yn eich caru chi . . . debyg iawn. Ydach chi'n ama' hynny?

MISS JULIE: *(Yn swil ac yn fenywaidd iawn)* Chi? Deuda 'ti'. 'Does dim rhwystra' rhyngom ni'n dau bellach. Deuda 'ti'.

JEAN: *(Yn bryderus)* 'Fedra'i ddim — mae 'na rwystra' rhyngom ni o hyd tra rydan ni yn y tŷ 'ma — dyna'r gorffennol, a'r Cownt — 'dydw i 'rioed wedi cyfarfod neb 'rydw i'n ei barchu cymaint ag o. 'Does rhaid imi ond gweld ei fenyg o ar y gadair ac mi 'rydw i'n teimlo'n fychan. 'Does rhaid imi ond clywed y gloch 'na yn fan'cw ac mi fydda' i'n neidio fel ceffyl wedi cael braw. Pan ydw i'n gweld ei 'sgidia' fo'n sefyll fan'cw mor syth a balch 'rydw i'n teimlo ias i lawr fy nghefn.
(Y mae'n rhoi cic i'r esgidiau.)
Ofergoelion, rhagfarna', wedi eu plannu ynom ni ers ein plentyndod — ond y mae'n ddigon hawdd eu hanghofio nhw. Dim ond i rywun fynd i wlad arall, i weriniaeth, ac mi fyddan' nhw'n llyfu'r llawr o flaen fy lifrai porthor i, yn llyfu'r llawr, dalltwch, ond 'wna'*i* ddim. 'Ches *i* ddim mo' ngeni i lyfu'r llawr. Mae gen *i* waelod a chymeriad, ac os medra'i ond cael gafael ar y gangen gynta' 'na yna mi gewch chi fy ngweld i'n dringo. Heddiw, 'dydw i'n ddim ond gwas, ond flwyddyn nesa' mi fydd gen i fy eiddo fy hun, ac ymhen deng mlynedd mi fydda' i'n byw ar fy mloneg. Yna mi a'i i Rwmania, cael fy anrhydeddu, ac e'lla' — e'lla', dd'wedais i, cofiwch — y bydda' i'n Gownt yn y diwedd.

MISS JULIE: Hyfryd, hyfryd!

JEAN: O, yn Rwmania mi fedrwch chi brynu teitl Cownt, ac yna mi fyddech chitha'n Gowntes wedi'r cwbwl. Fy Nghowntes i!

MISS JULIE: Be' ydi'r ots gen i am hyn'na i gyd a minna'n cefnu ar betha' felly? Deuda wrtha'i dy fod ti'n fy ngharu i, neu os nad wyt

JEAN:	ti . . . be'n union ydw i? Mi ddeuda'i o ganwaith — yn nes ymlaen. Ond nid yn fan'ma. Yn fwy na dim rŵan — dim rhagor o hen lol neu mi fydd hi wedi canu arnom ni. Mae'n rhaid inni gadw'n penna' fel pobol gall. *(Y mae'n estyn sigâr, yn ei thorri a'i thanio.)* 'Steddwch yn fan'na rŵan ac mi 'stedda' innau yn fan'ma, ac mi siaradwn ni fel na phetai 'na ddim byd wedi digwydd.
MISS JULIE:	*(Yn wyllt)* O Dduw mawr, oes gennych chi ddim teimlada'?
JEAN:	Fi? 'Does 'na neb mwy teimladwy na fi, ond mi fedra'i reoli fy hun.
MISS JULIE:	Gynna', 'roeddech chi'n medru cusanu fy esgid i, . . . a rŵan!
JEAN:	*(Yn galed)* Ia, ond gynna' oedd hynny. Rŵan mae gennym ni rywbeth arall i feddwl amdano fo.
MISS JULIE:	Peidiwch â bod mor galed efo fi.
JEAN:	'Dydw i ddim — bod yn gall ydw i. 'Rydan ni wedi g'neud un peth gwirion, rhaid inni beidio â g'neud dim rhagor. Mi fedra'r Cownt gyrraedd unrhyw funud rŵan, a chyn hynny rhaid inni benderfynu be' sy'n mynd i ddigwydd i ni. Be' ydach chi'n ei feddwl o 'nghynllunia' i ar gyfer y dyfodol? Ydach chi'n fodlon arnyn' nhw?
MISS JULIE:	Maen' nhw'n swnio'n eitha' rhesymol, ond mae 'na un cwestiwn. Mae angen dipyn go lew wrth gefn ar gyfer menter mor fawr. Oes gennych chi rywbeth?
JEAN:	*(Yn cnoi'r sigâr)* Fi? Debyg iawn! Mae gen i fy sgilia' proffesiynol, fy mhrofiad aruthrol, a 'ngwybodaeth o ieithoedd. Mae hyn'na'n ddigon wrth gefn dd'wedwn i.
MISS JULIE:	Ond wnaiff hyn'na ddim hyd yn oed prynu tocyn trên.
JEAN:	Mae hynny'n wir — dyna pam 'rydw i'n chwilio am rywun i roi cefnogaeth ariannol imi.
MISS JULIE:	Ble gewch chi hyd i hynny ar frys?
JEAN:	Mi gewch *chi* hyd iddo fo os ydach chi am fod yn bartner imi.
MISS JULIE:	'Fedra'i ddim. 'Does gen i ddim byd fy hun. *(Saib)*
JEAN:	Mae hi ar ben felly.
MISS JULIE:	A . . . ?
JEAN:	Bydd pethau yn aros fel maen' nhw.
MISS JULIE:	Ydach chi'n meddwl 'mod i'n mynd i aros yma dan yr un to i rannu'ch gwely chi? Ydach chi'n meddwl 'mod i'n mynd i adael i bawb godi bys ata'i? Ydach chi'n meddwl y medra'i wynebu 'nhad ar ôl hyn? Na! Cerwch â fi o'ma, i ffwrdd oddi wrth y gwarth a'r cywilydd. O, be 'ydw i wedi 'neud? O Dduw

JEAN:	mawr, o Dduw! *(yn wylo.)* Rŵan 'ta, be' ydi'r holl sŵn 'ma? Be' ydach chi wedi 'neud? Dim ond yr un peth â llawer un o'ch blaen chi.
MISS JULIE:	*(Yn sgrechian fel petai ar fin cael gwasgfa)* A rŵan 'rydach chi'n ffieiddio ata'i. 'Rydw i'n syrthio, yn syrthio.
JEAN:	Syrthiwch i lawr ata'i ac mi'ch coda'i chi'n ôl.
MISS JULIE:	Pa rym enbyd 'ddaru fy nhynnu i atoch chi? Tynfa'r gwan at y cry', y sawl sy'n disgyn at y sawl sy'n codi? Cariad oedd o, tybed? Hyn . . . yn gariad? Wyddoch chi be' ydi cariad?
JEAN:	Fi? Gwn, debyg iawn, cymerwch fy ngair i. Ydach chi'n meddwl na ches i 'rioed ddynas o'r blaen?
MISS JULIE:	Sut y medrwch chi siarad a meddwl fel'na?
JEAN:	Dyna be' mae bywyd wedi ei ddysgu i mi, a dyna sut un ydw i. Peidiwch â chynhyrfu, a 'waeth i chi heb â bod yn wraig fawr. 'Rydan ni'n dau yn yr un cwch rŵan. Ylwch, 'mechan i, dowch, gad'wch imi gynnig gwydraid arall i chi. *(Y mae'n agor drôr y bwrdd ac yn estyn y botel win; y mae'n llenwi'r ddau wydryn a ddefnyddiwyd o'r blaen.)*
MISS JULIE:	O ble gawsoch chi'r gwin 'na?
JEAN:	O'r selar.
MISS JULIE:	Bwrgwyn fy nhad!
JEAN:	Ydi o'n rhy dda i'w fab-yng-nghyfraith o?'
MISS JULIE:	A finna'n yfed cwrw.
JEAN:	Dyna ddangos nad ydi'ch chwaeth chi ddim cystal â f'un i.
MISS JULIE:	Lleidr!
JEAN:	Ydach chi'n mynd i gario clecs?
MISS JULIE:	O, o, partner i ryw dipyn o leidr. Oeddwn i wedi meddwi? Oeddwn i mewn breuddwyd heno? Noswyl Ifan! Gŵyl yr hwyl ddiniwed.
JEAN:	Ddiniwed, wir.
MISS JULIE:	*(Yn cerdded yn ôl ac ymlaen)* Oes 'na unrhyw un ar y ddaear 'ma ar y funud sydd mor druenus â fi?
JEAN:	Pam ydach chi'n druenus? Ar ôl y fath goncwest. Meddyliwch am Kristin yn fan'na. Ydach chi'n meddwl nad oes ganddi hitha' ddim teimlada'?
MISS JULIE:	Gynna' 'roeddwn i'n meddwl fod ganddi hi, ond ddim bellach. Na, gwas ydi gwas.
JEAN:	A hwran ydi hwran.
MISS JULIE:	*(Ar ei gliniau, yn gwasgu ei dwylo)* O Dduw mawr, rho ddiwedd ar y bywyd truenus 'ma. Cod fi o'r baw 'ma 'rydw i'n suddo iddo fo. Achub fi! Achub fi!

JEAN:	Mae'n ddrwg gen i drosoch chi, mae'n rhaid imi gyfaddef. Pan oeddwn i'n gorwedd yn y gwely nionod a'ch gweld chi yn yr ardd rosod, wel . . . mi ddeuda'i wrthoch chi rŵan . . . yr un meddylia' hyll oedd gen i â phob hogyn arall.
MISS JULIE:	Chi, oedd am farw er fy mwyn i!
JEAN:	Yn y cafn ceirch? Siarad gwag oedd hyn'na.
MISS JULIE:	Celwydd, felly?
JEAN:	*(Yn dechrau mynd yn gysglyd)* I ryw radda'. 'Rydw i'n siwr 'mod i wedi darllen stori mewn papur newydd unwaith am ddyn llnau simdda' aeth i orwedd mewn cist-goed-tân yn llawn o lelog am i rywun ddod â gwŷs yn ei erbyn o am iddo fo fethu â chynnal ei blentyn . . .
MISS JULIE:	Felly wir, ac un fel'na ydach chi . . . ?
JEAN:	'Roedd yn rhaid imi feddwl am rywbeth. Rhaid cael rhyw ffaldirals bob amser i ddal merched.
MISS JULIE:	Y cena'!
JEAN:	*Merde.*
MISS JULIE:	Rŵan dyna chi wedi gweld cefn yr hebog.
JEAN:	Nid ei gefn o yn hollol . . .
MISS JULIE:	Fi oedd i fod yn gangen gynta' . . .
JEAN:	Ond 'roedd y gangen wedi pydru . . .
MISS JULIE:	A fi oedd i fod yn arwydd i'r gwesty . . .
JEAN:	A minna' . . . y gwesty!
MISS JULIE:	Yn eistedd wrth eich cownter chi yn denu'ch cwsmeriaid chi ac yn twyllo efo'r cyfrifon.
JEAN:	Mi f'aswn i wedi gwneud hynny fy hun.
MISS JULIE:	I feddwl bod rhywun yn medru bod mor ofnadwy o aflan . . .
JEAN:	Glanhewch chi o, 'ta.
MISS JULIE:	Taeog! Gwas! Sefwch ar eich traed pan ydw i'n siarad efo chi.
JEAN:	Cymar gwas, hwran taeog, cau dy geg a dos o'ma. Wyt ti yn mynd i bregethu wrtha' i am aflendid? Does yr un o 'nosbarth i 'rioed wedi ymddwyn mor ffiaidd ag y gwnest ti heno. Wyt ti'n meddwl y byddai'r un forwyn yn ei thaflu ei hun at ddyn yn y fforddy gwnest ti? 'Welaist ti unrhyw ferch o 'nosbarth i yn hwrjio'i chorff fel'na? Dim ond mewn anifeiliaid a hwrod 'rydw i wedi gweld y ffasiwn beth.
MISS JULIE:	*(Wedi ei llethu)* Reit ta! Tarwch fi! Sathrwch fi! 'Dydw i'n haeddu dim byd gwell. 'Rydw i'n hollol ddi-werth . . . ond helpwch fi. Helpwch fi allan o hyn i gyd os medrwch chi.
JEAN:	*(Yn fwynach)* 'Dydw i ddim am fy mychanu fy hun drwy wadu fy rhan i yn y peth. Tipyn o anrhydedd medru'ch denu chi,

	'toedd? Ond ydach chi'n meddwl y b'asa' rhywun o'm safle i wedi meiddio troi ei olygon atoch chi petaech chi eich hun heb fy ngwahodd i? Peri cryn syndod imi . . .
MISS JULIE:	Peri balchder . . .
JEAN:	Pam lai? Er y mae'n rhaid imi gyfaddef fod y goncwest wedi bod yn un rhy hawdd imi feddwi go iawn arni hi.
MISS JULIE:	Tarwch fi eto!
JEAN:	*(Yn codi ar ei draed)* Na wna'! Yn hytrach, maddeuwch imi am yr hyn ddeud'is i. 'Fydda'i byth yn taro neb sy'n ddiamddiffyn, yn enwedig merch. Ar yr un pryd, 'alla'i ddim gwadu 'mod i'n cael rhyw foddhad o weld nad ydi'r hyn sy'n ein dallu ni yma yn y gwaelodion yn ddim byd ond sglein arwynebol, o weld fod cefn yr hebog hefyd yn llwyd, ac mai powdwr oedd y bocha' tlws 'na, fod 'na faw o dan y gwinadd sglein 'na, a bod yr hances boced yn fudur er gwaetha'r holl bersawr. Ond ar y llaw arall mae'n fy mrifo i i weld nad oedd y peth y bûm i'n ymdrechu cymaint i gyrraedd ato fo yn fwy aruchel ac yn fwy solet; mae'n fy mrifo i i'ch gweld chi wedi suddo mor isel fel nad ydach chi ddim mymryn gwell na'ch morwyn; mae'n fy mrifo i fel gweld bloda'r hydref yn cael eu chwipio gan y glaw a'u malu'n slwtsh.
MISS JULIE:	'Rydach chi'n siarad fel petaech chi'n uwch na fi yn barod.
JEAN:	Ac mi 'rydw i hefyd. 'Dach chi'n gweld, mi fedrwn i eich gwneud chi yn Gowntes, ond 'fedrach chi byth fy ngwneud i yn Gownt.
MISS JULIE:	Ond mi 'rydw i'n blentyn i Gownt a 'fedrwch chi byth fod yn hynny.
JEAN:	Mae hyn'na'n wir, ond mi fedrwn i fod yn dad i Gowntiaid pe . . .
MISS JULIE:	Lleidr ydach chi, a 'dydw i ddim yn hynny.
JEAN:	Mae 'na betha' gwaeth na bod yn lleidr. Petha' llawer gwaeth. Beth bynnag, pan fydda'i yn gweithio mewn tŷ mi fydda' i'n fy ystyried fy hun yn aelod o'r teulu i radda', yn un o blant y tŷ. A 'dydi rhywun ddim yn ei ystyried o'n lladrad pan fydd plentyn yn dwyn un ffrwyth bach oddi ar lwyni sy'n llawn o ffrwytha'. *(Y mae'n llawn angerdd unwaith yn rhagor.)* Miss Julie, 'rydach chi'n ddynes odidog, yn llawer rhy dda i rywun fel fi. Mi aethoch chi dros ben llestri ac rŵan mae arnoch chi eisiau cuddio'ch bai drwy'ch perswadio'ch hun eich bod chi'n fy ngharu i. 'Dydach chi ddim, er bod fy nghorff i 'falla' wedi'ch denu chi, ac wedyn 'dydi'ch cariad chi ddim

	gwell na f'un inna' — ond 'fedra'i byth fodloni ar fod yn ddim byd gwell nag anifail i chi, a 'fedra'i byth ennyn eich cariad chi.
MISS JULIE:	Ydach chi'n siwr o hynny?
JEAN:	Amau medrwn i? Medrwn, mi fedrwn i eich caru chi, 'does dim dwywaith am hynny. 'Rydach chi'n dlws, yn fonheddig . . . *(Y mae'n mynd ati a gafael yn ei llaw.)* . . . yn ddiwylliedig, ac yn hoffus pan fynnwch chi, a phetaech chi unwaith yn cynna' fflam yng nghalon dyn mae'n debyg na fyddai honno byth yn diffodd. *(Y mae'n gafael am ei chanol.)* 'Rydach chi fel gwin poeth a sbeis ynddo fo . . . ac y mae'ch cusan chi . . . *(Y mae'n ceisio ei harwain allan, ond y mae'n ei thynnu ei hun yn rhydd oddi wrtho'n araf.)*
MISS JULIE:	Gollyngwch fi! Nid fel'na y mae f'ennill i.
JEAN:	Sut, felly? Nid fel'na? Nid efo cusana' a geiria' teg, nid drwy gynllunio ar gyfer y dyfodol a'ch achub chi rhag gwarth? Sut, 'ta?
MISS JULIE:	Sut? Sut? 'Dwn i ddim sut. 'Rydw i'n eich casáu chi . . . yn eich casáu chi fel 'rydw i'n casáu llygod mawr, ond 'fedra' i ddim dianc oddi wrthach chi.
JEAN:	Beth am ddianc efo fi, 'ta?
MISS JULIE:	*(Yn sythu)* Dianc? Ia, mae'n rhaid inni ddianc, ond 'rydw i wedi blino gymaint. Rhowch wydraid o win i mi. *(Y mae Jean yn tywallt gwin iddi.)*
MISS JULIE:	*(Yn edrych ar ei horiawr)* Mae'n rhaid inni siarad yn gynta'. Mae gennym ni rywfaint o amser ar ôl. *(Y mae'n drachtio'r gwin ac yn dal y gwydryn allan i'w ail-lenwi.)*
JEAN:	Peidiwch ag yfed gormod. Mi wnewch chi feddwi.
MISS JULIE	Be' ydi'r ots?
JEAN:	Be' ydi'r ots? Hen beth coman ydi meddwi. Be' oeddech chi'n ei ddeud rŵan?
MISS JULIE:	Mae'n rhaid inni ddianc. Ond yn gynta' mae'n rhaid i ni siarad; hynny ydi, mae'n rhaid i *mi* siarad; hyd yn hyn chi sydd wedi gwneud y siarad i gyd. 'Rydach chi wedi deud hanes eich bywyd chi; rŵan 'rydw i am ddeud fy hanes inna' er mwyn inni ddod i 'nabod ein gilydd yn iawn cyn inni ddechra' mynd i grwydro efo'n gilydd.
JEAN:	Arhoswch funud, maddeuwch imi, ond gwnewch yn siwr na wnewch chi ddim 'difaru yn nes ymlaen pan fyddwch chi wedi datgelu cyfrinachau'ch bywyd i mi.
MISS JULIE:	Ydach chi ddim yn ffrind imi, 'ta?

JEAN: Ydw, weithiau, ond peidiwch â dibynnu arna'i.
MISS JULIE: Dim ond deud hyn'na 'rydach chi; beth bynnag, mae pawb arall yn gwybod fy nghyfrinacha' i. 'Dach chi'n gweld... 'roedd fy mam yn un o'r werin, yn eitha' cyffredin. Mi gafodd ei magu ar syniada' ei hoes am gydraddoldeb, rhyddid i ferched ac ati, ac 'roedd hi'n gry' yn erbyn priodas. Felly, pan ofynnodd fy nhad iddi am ei llaw, mi atebodd na fyddai hi byth yn ei briodi o, ond y câi o rannu ei gwely hi. Mi ddeudodd fy nhad nad oedd o ddim am weld y wraig yr oedd o'n ei charu yn cael llai o barch na fo'i hun. Mi eglurodd hitha' nad oedd ots ganddi hi am barch y byd, ac yn ei angerdd mi dderbyniodd o ei hamoda' hi. Ond rŵan 'roedd o wedi ei alltudio o'i gylch yn y gymdeithas ac wedi ei gaethiwo ym mywyd y cartra, a 'doedd hynny ddim yn ddigon iddo fo. Mi ddes inna' i'r byd — yn groes i ewyllys mam cyn belled ag y gwela'i. Rŵan, 'roeddwn i am gael fy magu gan mam fel plentyn Natur, ac ar ben hynny 'roedd yn rhaid imi ddysgu pob dim yr oedd y bechgyn yn ei wneud — er mwyn i mi ddangos yn glir fod merched cystal â dynion. 'Roedd yn rhaid imi wisgo dillad bachgen, dysgu sut i drin ceffyla' ond 'chawn i ddim mynd i'r beudy. 'Roedd yn rhaid imi roi'r gêr ar y ceffyla; eu harneisio nhw a mynd i hela — a hyd yn oed lladd yr anifeiliaid. 'Roedd hynny'n ffiaidd. Ac ar y 'stad mi fydda' tasga'r merched yn cael eu rhoi i'r dynion a thasga'r dynion i'r merched — nes i bopeth fynd rhwng y cŵn a'r brain, ac mi ddaethom ni'n destun sbort i'r holl gymdogaeth. Yn y diwedd mae'n rhaid fod fy nhad wedi dod at ei goed a gwrthryfela. Mi newidiwyd pob dim i'w ffordd o wedyn. Dyna pryd ddaru nhw briodi — yn ddistaw. Mi aeth fy mam yn sâl — 'dwn i ddim be' oedd arni hi ond mi fyddai hi'n cael ffitia' yn aml. Mi fyddai hi'n mynd i guddio i'r atig a'r ardd, ac mi allai hi aros allan drwy'r nos. Yna, mi fuo'r tân anferth 'na y clywsoch chi sôn amdano fo. Mi losgwyd y tŷ, y stabal a'r beudy i'r llawr — a hynny dan amgylchiada' mor od nes inni ama' iddo fo gael ei gynna'n fwriadol, gan i'r ddamwain ddigwydd drannoeth y diwrnod yr oedd yn rhaid adnewyddu taliad chwarter yr yswiriant, ac 'roedd y primiwn yrrodd fy nhad wedi ei ddal yn ôl, a heb gyrraedd mewn pryd, oherwydd blerwch ar ran y gwas. *(Y mae'n llenwi ei gwydryn ac yn yfed.)*
JEAN: Peidiwch ag yfed ychwaneg.

MISS JULIE:	O, be' ydi'r ots? 'Roeddem ni ar y clwt ac 'roedd yn rhaid inni gysgu yn y cerbyda'. 'Doedd gan fy nhad ddim syniad o ble y câi o arian i ailadeiladu'r tŷ, gan ei fod wedi cefnu ar ei hen ffrindia' a nhwtha' wedi'i anghofio ynta'. Felly, dyma mam yn awgrymu iddo fo y dyla' fo ofyn am fenthyg arian gan hen ffrind iddi hi — gwneuthurwr brics o'r cyffinia' 'ma. Mae 'nhad yn cael y benthyciad ond 'doedd dim rhaid iddo dalu llog a 'roedd hynny'n ei synnu o. Ac felly yr ailadeiladwyd y stad. *(Y mae'n yfed eto.)* 'Wyddoch chi pwy 'roddodd y stad ar dân?
JEAN:	Eich bonheddig fam!
MISS JULIE:	'Wyddoch chi pwy oedd y gwneuthurwr brics?
JEAN:	Cariad eich mam!
MISS JULIE:	'Wyddoch chi pwy oedd biau'r arian?
JEAN:	Arhoswch... na, 'wn i mo hynny.
MISS JULIE:	Arian mam oedd o.
JEAN:	Arian y Cownt hefyd os nad oedd 'na gytundeb priodas.
MISS JULIE:	'Doedd 'na ddim cytundeb. 'Roedd gan fy mam rywfaint o arian ei hun a 'doedd hi ddim am i 'nhad reoli hwnnw, felly mi rhoddodd o yng ngofal... ei ffrind.
JEAN:	Ac mi fachodd hwnnw fo.
MISS JULIE:	Yn hollol. Mi cadwodd o. Mae 'nhad yn dod i glywed am hyn i gyd: 'fedr o ddim dwyn achos, 'fedr o ddim talu i gariad ei wraig, 'fedr o ddim profi mai arian ei wraig ydi o. 'Roedd o ar fin saethu ei hun bryd hynny — mi aeth si ar led ei fod o wedi gwneud ond iddo fethu lladd ei hun. Mae o'n dod trwyddi ac mae mam yn talu'n ddrud am beth 'wnaeth hi. Roedd 'rheini'n bum mlynedd erchyll i mi, coeliwch fi. 'Roeddwn i'n caru 'nhad ond mi ochrais efo mam am nad oeddwn i'n gwybod yr amgylchiada'. Ganddi hi y dysgais i gasáu dynion am ei bod hitha' yn casáu dynion, fel y clywsoch chi, ac mi dyngais i iddi hi na fyddwn byth yn gaethferch i unrhyw ddyn.
JEAN:	Ac wedyn mi ddaru chi ddyweddïo efo twrnai'r sir!
MISS JULIE:	Er mwyn iddo fo fod yn gaethwas i mi.
JEAN:	A 'doedd o ddim yn fodlon?
MISS JULIE:	'Roedd o'n ddigon bodlon ond 'chafodd o mo'r cyfle. Mi flinais i arno fo.
JEAN:	Mi welais i hyn'na — yng nghowt y stabal.
MISS JULIE:	Be' welsoch chi?
JEAN:	Be' welais i oedd y fo yn torri'r dyweddïad.

MISS JULIE:	Celwydd! Fi 'dorrodd y dyweddïad. Ydi o wedi dweud mai fo 'wnaeth? Y cena'!
JEAN:	'Doedd o ddim yn gena'. 'Rydach chi'n casáu dynion, 'tydach, Miss Julie?
MISS JULIE:	Ydw... at ei gilydd. Ond weithia'... pan ddaw'r gwendid drosta i, pan mae natur yn fy nghynhyrfu i... O Dduw! 'wnaiff y tân 'ma byth ddiffodd?
JEAN:	Ydach chi'n fy nghasáu inna' hefyd?
MISS JULIE:	Y tu hwnt i bopeth. Mi hoffwn i roi gorchymyn eich bod chi'n cael eich lladd fel anifail...
JEAN:	Mae'r troseddwr yn cael ei ddedfrydu i ddwy flynedd o lafur caled ac mae'r anifail yn cael ei ladd. Mae hyn'na'n gywir 'tydi?'
MISS JULIE:	Ydi, mae o.
JEAN:	Ond 'does 'na ddim achwynydd nac anifail yma. Be' wnawn ni, 'ta?
MISS JULIE:	Mynd i ffwrdd.
JEAN:	I boenydio ein gilydd i farwolaeth?
MISS JULIE:	Nage — i fwynhau ein hunain am ddiwrnod neu ddau, am wythnos, cyhyd ag y medr rhywun ei fwynhau ei hun ac yna... marw...
JEAN:	Marw? Lol! 'Rydw i'n meddwl y byddai'n well agor gwesty.
MISS JULIE:	*(Heb glywed Jean)*... marw ar lannau Llyn Como lle mae'r haul yn tywynnu drwy'r amser, a'r llawryf yn wyrdd adeg y 'Dolig a'r coed orennau yn loyw.
JEAN:	Hen dwll o le glawog ydi Llyn Como, a 'welais i 'rioed orennau yno heblaw yn siop y groser. Ond mae o'n lle da i dwristiaid gan fod yna ddigon o dai haf sy'n cael eu gosod i gyplau mewn cariad ac mae o'n fusnes sy'n talu'n dda. 'Wyddoch chi pam? Am eu bod nhw'n trefnu i rentu'r tai am chwe mis ac yna'n gadael ar ôl tair wythnos.
MISS JULIE:	*(Yn ddiniwed)* Pam ar ôl tair wythnos?
JEAN:	Maen' nhw'n ffraeo, debyg iawn. Ond mae'n rhaid talu'r rhent yr un fath, ac wedyn mae'r tai yn cael eu hailosod. Ac mae'r peth yn mynd ymlaen dro ar ôl tro gan fod 'na ddigonedd o garu o gwmpas er nad ydi o ddim yn para'n hir.
MISS JULIE:	'Does arnoch chi ddim eisio marw efo fi?
JEAN:	'Does arna'i ddim eisio marw o gwbl. 'Rydw i'n mwynhau byw ac mi 'rydw i'n meddwl bod hunanladdiad yn mynd yn groes i'r Rhagluniaeth a roddodd fywyd i ni.
MISS JULIE:	Ydach chi o bawb yn credu yn Nuw?

JEAN:	Ydw, wrth gwrs fy mod i. Mi fydda' i yn mynd i'r eglwys bob yn ail Sul. A bod yn onest, 'rydw i wedi 'laru ar hyn i gyd ac mi 'rydw i am fynd i 'ngwely.
MISS JULIE:	Felly wir! A 'rydach chi'n meddwl 'mod i am fod yn fodlon ar hyn? 'Wyddoch chi beth ydi cyfrifoldeb dyn tuag at y ddynes y mae o wedi dwyn gwarth arni hi?
JEAN:	*(Yn tynnu pwrs allan a thaflu darn o arian ar y bwrdd)* Hwdiwch! 'Does arna'i ddim eisio bod mewn dyled i neb.
MISS JULIE:	*(Yn cymryd arni nad yw wedi sylwi ar y sarhad)* 'Wyddoch chi be' mae'r gyfraith yn ei ddeud?
JEAN:	Gwaetha'r modd, 'dydi'r gyfraith ddim yn nodi unrhyw gosb ar gyfer dynes sy'n denu dyn.
MISS JULIE:	*(Fel o'r blaen)* 'Fedrwch chi weld unrhyw ateb arall heblaw ein bod ni'n mynd i ffwrdd, yn priodi ac yn gwahanu?
JEAN:	A beth petawn i yn gwrthod ymuno yn y *mésalliance* 'ma?
MISS JULIE:	*Mésalliance?*
JEAN:	Ia, i mi. 'Rydw i o dras well na chi, dalltwch chi, 'does 'run o 'mherthnasa' i erioed wedi rhoi unlle ar dân.
MISS JULIE:	Sut y gwyddoch chi?
JEAN:	'Fedrwch chi ddim gwrthbrofi hynny, gan nad oes gynnon ni ddim cart achau heblaw yn swyddfa'r heddlu. Ond mi ydw i wedi darllen eich cart achau chi yn llyfr achau'r byddigions. 'Wyddoch chi pwy oedd eich mam? 'Wyddoch chi pwy oedd sylfaenydd eich teulu chi? Melinydd oedd o, adawodd i'w wraig gysgu efo'r brenin un noson yn ystod y rhyfel yn erbyn y Daniaid. 'Does gen i ddim hynafiaid o gwbl ond mi fedra' i ddechra' tras fy hun.
MISS JULIE:	Dyna be' ydw i'n ei gael am fwrw 'mol i rywun israddol a rhoi anrhydedd fy nheulu i . . .
JEAN:	Diffyg anrhydedd! Wel, mi ddeudis i wrthych chi, do? 'Ddylai rhywun ddim yfed neu mi fydd rhywun yn prepian. A 'ddylai rhywun ddim prepian.
MISS JULIE:	O, 'rydw i'n 'difaru, yn 'difaru. Petaech chi ddim ond yn fy ngharu i.
JEAN:	Am y tro diwetha' — be' ydach chi'n ei feddwl wrth hyn'na? 'Ddylwn i grio? 'Ddylwn i neidio dros chwip ceffyl? 'Ddylwn i eich cusanu chi? 'Ddylwn i eich denu chi i Lyn Como am dair wythnos ac yna . . . Be' ddylwn i ei wneud? Be' ydach chi eisio? Mae hyn yn dechrau mynd yn annioddefol, ond dyna be' sy'n digwydd pan mae rhywun yn dechrau cyboli efo merched. Miss Julie! Mi wela'i eich bod chi'n anhapus;

	mi wn i eich bod chi'n diodde', ond 'fedra' i ddim mo'ch deall chi. 'Dydan ni ddim yn cael rhyw fympwyon fel'ma, 'does 'na ddim casineb rhyngom ni. 'Rydan ni'n caru am hwyl pan gawn ni ryw hoe fach o'r gwaith. 'Dydan ni ddim yn cael hoe ddydd a nos fath â chi. Mae'n rhaid gen i eich bod chi'n sâl; 'roedd eich mam chi yn wallgo' go iawn.
MISS JULIE:	Rhaid i chi fod yn ffeind efo fi a siarad efo fi fel taswn i'n fod dynol.
JEAN:	Iawn, ond rhaid i chitha' fod yn ddynol. 'Rydach chi'n poeri arna'i, ond 'cha' i ddim ei sychu o arnoch *chi* chwaith.
MISS JULIE:	Helpwch fi, helpwch fi. D'wedwch be' ddylwn i ei wneud. I ble'r a' i?
JEAN:	O'r nefoedd fawr, fel 'taswn i yn gwybod!
MISS JULIE:	Rydw i wedi bod yn wallgo', yn wirion bost, ond oes 'na unrhyw ffordd allan o hyn i gyd, ta?
JEAN:	Arhoswch yma a chadwch eich pen. 'Does neb yn gwybod dim.
MISS JULIE:	Mae hynny'n amhosib. Mae'r gweision yn gwybod ac mae Kristin yn gwybod.
JEAN:	'Dydyn 'nhw ddim yn gwybod, a 'f'asan' nhw ddim yn credu'r fath beth.
MISS JULIE:	*(Yn betrus)* Ond mi fedra' ddigwydd eto.'
JEAN:	Mae hyn'na'n wir.
MISS JULIE:	A'r canlyniada'?
JEAN:	*(Wedi dychryn)* Canlyniada'! Be' ddaeth dros fy mhen i na ddaru mi ddim meddwl am hyn'na? Na, 'does dim amdani ond . . . mynd. Ar unwaith! 'Dydw i ddim am ddod efo chi neu mi fydd hi ar ben arnom ni. Felly, rhaid i chi fynd ar eich pen eich hun — i ffwrdd — i rywle.
MISS JULIE:	Ar fy mhen fy hun? I ble? 'Fedra'i ddim.
JEAN:	Mae'n rhaid i chi. A chyn i'r Cownt ddod yn ôl. Os arhoswch chi 'rydan ni'n gwybod be' ddigwyddith. Unwaith mae rhywun wedi gwneud camgymeriad mae rhywun eisio dal ati gan fod y difrod wedi ei wneud yn barod . . . felly, mae rhywun yn mynd yn fwy beiddgar o hyd, ac yn y diwedd mae rhywun yn cael ei ddal. Felly, ewch! Yna 'sgwennwch at y Cownt i gyffesu popeth heblaw mai fi oedd o. 'F'asa'r Cownt byth yn ama'r fath beth a go brin y b'asa fo'n awyddus i gael gwybod am y fath beth chwaith.
MISS JULIE:	Mi a' i, os dowch chi efo mi.
JEAN:	Ydach chi'n wallgo', ddynes? Miss Julie yn ffoi efo'i gwas!

	Mi f'asa' yn y papura' newydd drannoeth a 'f'asa'r Cownt byth yn dod dros hyn'na.
MISS JULIE:	'Fedra' i ddim mynd i ffwrdd. 'Fedra' i ddim aros. Helpwch fi. 'Rydw i wedi blino gymaint, wedi ymlâdd. Rhowch orchymyn imi. Rhowch fi ar ben y ffordd — 'fedra' i ddim meddwl bellach, 'fedra' i wneud dim byd . . .
JEAN:	Rŵan mi fedrwch chi weld creadures mor druenus ydach chi. Pam ydach chi'n ei sgwario hi o gwmpas yn grand i gyd fel petai chi bia'r byd? O'r gora', mi ro'i orchymyn i chi. Cerwch i fyny a gwisgwch amdanoch. Ewch i nôl arian ar gyfer y daith, ac yna dowch yn ôl yma.
MISS JULIE:	*(Bron yn sibrwd)* Dowch i fyny efo fi.
JEAN:	I'ch 'stafell chi? Rŵan rydach chi'n wallgo' eto. *(Yn petruso am ennyd)* Na! Cerwch ar unwaith! *(Y mae'n gafael yn ei llaw a'i harwain allan.)*
MISS JULIE:	*(Wrth fynd)* Siaradwch yn garedig efo fi, Jean.
JEAN:	Mae gorchymyn bob amser yn swnio'n angharedig. Teimlwch hyn'na drosoch eich hun rŵan! Teimlwch o drosoch eich hun! *(Jean, ar ei ben ei hun, yn rhoi ochenaid o ryddhad; y mae'n eistedd wrth y bwrdd a thynnu allan lyfr nodiadau a phensil; y mae'n cyfrif yn uchel bob hyn a hyn; yn meimio'n dawel nes i Kristin ddod i mewn wedi ei gwisgo ar gyfer mynd i'r eglwys. Y mae ganddi ffrynt crys a thei gwyn yn ei llaw.)*
KRISTIN:	Iesu gwyn, 'drychwch ar y llanast! Be' ar y ddaear ydach chi wedi bod yn ei wneud?
JEAN:	Miss Julie ddaeth â'r gweision i mewn. Oeddat ti mewn cymaint o drwmgwsg fel na chlywaist ti ddim byd?
KRISTIN:	Mi gysgais i fel twrch.
JEAN:	Wyt ti wedi gwisgo i fynd i'r eglwys yn barod?
KRISTIN:	Wel, ydw, debyg. Mi ddaru chi addo dod efo fi i'r cymun heddiw, do?
JEAN:	Do, mi wnes i, do? Ac mae fy nillad gora' i gen ti yn fan'na. Tyrd yn dy flaen. *(Y mae Jean yn eistedd ac y mae Kristin yn dechrau rhoi'r ffrynt crys a'r tei gwyn amdano. Saib.)*
JEAN:	*(Yn gysglyd)* Be' ydi'r llith heddiw?
KRISTIN:	Hanes dienyddio Ioan Fedyddiwr, mae'n debyg.
JEAN:	Mi fydd honno'n un hir ar y naw, ma' siwr. Aw! ti'n fy nhagu i. O, 'rydw i mor gysglyd, mor gysglyd.
KRISTIN:	Wel, be' fuoch chi'n ei wneud ar eich traed drwy'r nos? Mae'ch gwep chi'n llwyd fel !ludw.

JEAN:	'Rydw i wedi bod yn eistedd yma yn sgwrsio efo Miss Julie.
KRISTIN:	'Ŵyr honno ddim be' 'di be'. *(Saib.)*
JEAN:	Gwranda rŵan, Kristin . . .
KRISTIN:	Ia?
JEAN:	Mae'n od, 'tydi? — pan feddyli di am y peth — hon'na . . .
KRISTIN:	Be' sy' mor od?
JEAN:	Bob dim. *(Saib.)*
KRISTIN:	*(Yn gweld y gwydryn hanner gwag ar y bwrdd)* Fuoch chi'n yfed efo'ch gilydd hefyd?
JEAN:	Do!
KRISTIN:	Rhag eich cywilydd chi. Edrychwch ym myw fy llygaid i!
JEAN:	Do.
KRISTIN:	Ydi o'n bosib? Ydi o'n bosib?
JEAN:	*(Yn petruso am funud)* Ydi. Mae o'n bosib.
KRISTIN:	Ych a fi! 'Faswn i 'rioed wedi coelio'r fath beth. Na! Ych! Rhag eich cywilydd chi!
JEAN:	'Dwyt ti ddim yn genfigennus ohoni hi, 'does bosib?
KRISTIN:	Nac ydw — ddim ohoni hi. Petai hi wedi bod yn Clara neu'n Sophie mi f'aswn i wedi crafu eich llygaid chi o'ch pen chi. Fel'na mae hi, 'dwn i ddim pam. O, mae'r peth yn ffiaidd!
JEAN:	Wyt ti wedi gwylltio efo hi?
KRISTIN:	Naddo . . . dim ond efo chi. 'Roedd hyn'na'n beth ofnadwy i'w wneud, ofnadwy! Y beth bach. Na! . . . a dalltwch chi, 'does arna'i ddim eisio aros yn y tŷ 'ma ddim mwy — lle na fedrith rhywun ddim parchu teulu'r meistr.
JEAN:	Pam y dyla' rhywun eu parchu nhw?
KRISTIN:	Wel, deudwch chi wrtha'i a chitha' mor glyfar. Ond 'does arnoch chi ddim eisio bod yng ngwasanaeth pobl sy'n ymddwyn mor ffiaidd, nac oes? 'Rydw i'n meddwl fod rhywun yn diraddio'i hun wrth wneud hynny.
JEAN:	Ia, ond o leia' mae'n gysur inni wybod nad ydyn' nhw ddim gwell na ninna'.
KRISTIN:	Na, 'dydw i ddim yn meddwl hynny. Os nad ydyn' nhw ddim gwell na ni 'does 'na ddim byd i ni ymgyrraedd ato fo er mwyn gwella ein hunain. A meddyliwch am y Cownt! Meddyliwch amdano fo! Mae o wedi cael cymaint o anhapusrwydd yn ei fywyd. Iesu, 'does arna'i ddim eisiau aros yn y tŷ 'ma ddim mwy . . . A'i wneud o efo rhywun fath â chi hefyd — petai hi wedi bod efo'r twrnai, efo rhywun dipyn gwell . . .
JEAN:	Sut felly?
KRISTIN:	Wel . . . 'rydach chi'n iawn yn eich ffordd eich hun, ond

	mae 'na wahaniaeth rhwng pobl a phobl, 'toes? . . . Na, 'fedra'i byth anghofio'r busnes Miss Julie 'ma. A hitha' mor falch, yn lladd cymaint ar ddynion, 'f'asa' neb yn coelio y b'asa' hi'n mynd a rhoi ei hun i . . . i rywun fath â . . . Hi oedd am saethu'r hen ast fach am ei bod hi wedi rhedeg ar ôl ci bach y cipar . . . Na! mae'n rhaid imi ddeud hyn. 'Dydw i ddim am aros yma ddim mwy. Y pedwerydd ar hugain o Hydref mi fydda' i'n hel fy mhac o'ma.
JEAN:	Ac wedyn?
KRISTIN:	Wel, gan ein bod ni'n sôn am y peth, mi fydd hi'n hen bryd i chitha' ddechra' chwilio am rywbeth hefyd, gan ein bod ni'n mynd i briodi 'run fath yn union.
JEAN:	Chwilio am be'? 'Cha'i ddim lle fath â hwn os ydw i'n briod.
KRISTIN:	Na, mi wn i hynny. E'lla' y cewch chi swydd fel porthor, neu chwilio am le fel gofalwr yn un o swyddfeydd y llywodraeth. 'Dydi'r llywodraeth ddim yn hael ond mae hi'n saff, ac mae 'na bensiwn i weddw a phlant.
JEAN:	*(Yn gwneud ceg gam)* Neis iawn wir, ond go brin mod i'r math o ddyn sy'n meddwl am farw ar hyn o bryd er mwyn fy ngwraig a 'mhlant. Mae'n rhaid imi gyfaddef bod gen i gynllunia' tipyn mwy uchelgeisiol.
KRISTIN:	Chi a'ch cynlluniau! Ond mae gynnoch chi gyfrifoldeba' hefyd. Cofiwch am y rheini, wnewch chi?
JEAN:	Paid â thynnu arna'i wrth sôn am gyfrifoldeba'. Mi wn i'n iawn be' sy'n rhaid imi ei wneud. *(Y mae'n clustfeinio am funud.)* P'run bynnag, mae gynnon ni ddigonedd o amser i feddwl am hyn'na. Dos i wneud dy hun yn barod ac mi awn ni i'r eglwys.
KRISTIN:	Pwy sy'n cerdded o gwmpas i fyny fan'na?
JEAN:	'Wn i ddim . . . Clara e'lla'.
KRISTIN:	*(Yn cychwyn allan)* 'Dydi'r Cownt 'rioed wedi dod yn ôl heb i neb ei glywed o?
JEAN:	*(Wedi dychryn)* Y Cownt? Na, 'does bosib! Mi f'asa' wedi canu'r gloch.
KRISTIN:	*(Yn mynd allan)* Wel, Duw a'n helpo ni . . . 'Fues i 'rioed mewn strach fel hyn o'r blaen.
	(Y mae'r haul wedi codi erbyn hyn ac yn tywynnu ar ben coed y parc. Y mae'r pelydrau yn symud yn raddol nes eu bod yn dod i mewn drwy'r ffenestri ar ongl. Y mae Jean yn mynd at y drws a gwneud arwydd ar Miss Julie.)
MISS JULIE:	*(Yn dod i mewn yn gwisgo dillad teithio ac yn cario cawell*

aderyn bychan a lliain drosto. Y mae'n ei osod ar gadair.) 'Rydw i'n barod rŵan.

JEAN: Ssh! Mae Kristin wedi deffro.

MISS JULIE: *(O hyn ymlaen yn hynod o nerfus.)* Ydi hi wedi amau rhywbeth?

JEAN: Naddo, dim byd o gwbl. Ond . . . Nefoedd fawr, am olwg sydd arnoch chi!

MISS JULIE: Golwg? Sut felly?

JEAN: 'Rydach chi'n wyn fel y galchen a . . . maddeuwch imi . . . mae'ch wyneb chi'n fudur.

MISS JULIE: Gadewch imi 'molchi 'ta . . . Iawn? *(Y mae'n mynd at y sinc ac ymolchi ei hwyneb a'i dwylo.)* Dowch â lliain imi . . . O . . . dacw'r haul yn codi!

JEAN: Ac ysbrydion y nos yn ffoi.

MISS JULIE: Ia, 'roedden' nhw o gwmpas y lle 'ma neithiwr. Ond, Jean, gwrand'wch. Dowch efo fi, mae'r arian gen i rŵan.

JEAN: *(Yn petruso)* Digon?

MISS JULIE: Digon i gychwyn. Dowch efo fi. 'Fedra'i ddim teithio ar fy mhen fy hun heddiw. Meddyliwch am y peth — Gŵyl Ifan — yn mygu mewn trên glòs, wedi fy ngwasgu gan heidiau o bobl a'r rheini i gyd yn rhythu arna'i; yn sefyllian mewn gorsafoedd a minnau'n awchu am hedfan i ffwrdd. Na . . . 'fedra'i ddim, 'fedra'i ddim. Yna, mi fydd yr atgofion yn dod: atgofion am Ŵyl Ifan a minnau'n blentyn. Yr eglwys wedi ei haddurno efo dail bedw a lelog. Gŵyl Ifan . . . a'r bwrdd wedi ei osod . . . perthnasau, ffrindiau; y pnawn yn y parc . . . dawnsio, miwsig, blodau a chwaraeon! O . . . er bod rhywun yn ffoi, yn ffoi . . . mae'r atgofion yn dod efo ni yn y cerbyd . . . ac edifeirwch ac euogrwydd.

JEAN: Mi ddo'i efo chi, ond rŵan . . . ar unwaith, cyn iddi fynd yn rhy hwyr. Rŵan! Y munud yma!

MISS JULIE: Wel, gwisgwch amdanoch, 'ta.
(Y mae'n codi cawell yr aderyn.)

JEAN: Ond dim pacia'. Mi f'asan ni'n rhoi gwybod i bawb wedyn.

MISS JULIE: Na, dim byd! Dim ond be' fedrwn ni fynd efo ni i mewn i'r cerbyd.

JEAN: *(Yn nôl ei het)* Be' ydi'r peth 'na sydd gynnoch chi yn fan'na. Be' ydi o?

MISS JULIE: Dim ond fy llinos werdd i . . . 'Wna'i ddim gadael honno ar ôl.

JEAN: Wel, be' nesa'! 'Ydan ni am fynd â chaetj 'deryn efo ni hefyd?

32

MISS JULIE:	'Rydach chi'n hollol wallgo'! Rhowch y caetj 'na i lawr! Dyma'r unig beth 'rydw i am fynd efo fi o 'nghartre'. Yr unig greadur byw sy'n malio botwm corn amdana'i ers i Diana fod yn anffyddlon i mi. Peidiwch â bod yn greulon. Gadewch imi fynd â hi efo fi.
JEAN:	Rhowch y caetj 'na i lawr, rydw i'n deud wrthach chi — a pheidiwch â siarad mor uchel. Mi fydd Kristin yn ein clywed ni.
MISS JULIE:	Na! 'Dydw i ddim am adael hon yn nwylo dieithriaid. Mi f'asa'n well ei lladd hi.
JEAN:	Dowch â'r greadures fach yma, 'ta, ac mi lladda'i hi.
MISS JULIE:	Ond peidiwch â'i brifo hi. Peidiwch . . . Na! . . . 'fedra'i ddim!
JEAN:	Dowch â hi yma. Mi fedra' i.
MISS JULIE:	*(Yn tynnu'r aderyn o'r cawell a'i gusanu)* Fy Serena fach annwyl i! Wyt ti'n mynd i farw a gadael dy feistres rŵan?
JEAN:	Peidiwch â gwneud lol, wnewch chi. Eich bywyd chi a'ch lles chi sydd y fantol rŵan . . . Rŵan, dowch! *(Y mae'n cipio'r aderyn o'i gafael; yn ei gario at y bwrdd-torri, a chodi bwyell fechan. Y mae Miss Julie yn troi ei phen draw.)* Mi ddylach chi fod wedi dysgu sut i ladd cywion yn lle sut i'w saethu nhw efo gwn. *(Y mae'n taro'r fwyell i lawr.)* 'F'asach chi ddim wedi cael gwasgfa dros ryw ddiferyn o waed wedyn.
MISS JULIE:	*(Yn sgrechian)* Lladdwch fi hefyd! Lladdwch fi! Chi sy'n medru lladd creadur bach diniwed heb i'ch llaw chi grynu. O, 'rydw i'n eich casáu chi, yn ffieiddio atoch chi! Mae 'na waed rhyngom ni rŵan. 'Rydw i'n melltithio'r funud y gwelais chi gynta' erioed, ac mi 'rydw i'n melltithio'r awr y cefais i 'meichiogi yng nghroth fy mam.
JEAN:	Faint haws ydach chi o felltithio? Cerwch!
MISS JULIE:	*(Yn mynd at y bwrdd-torri fel petai hi'n cael ei thynnu ato yn erbyn ei hewyllys)* Na, 'does arna'i ddim eisiau mynd eto . . . 'fedra'i ddim . . . mae'n rhaid imi weld . . . Ssh! Mae 'na sŵn cerbyd allan yn fan'na . . . *(Y mae'n clustfeinio heb dynnu ei llygaid oddi ar y bwrdd-torri a'r fwyell.)* Ydach chi'n meddwl na fedra'i ddim diodda' edrych ar waed? Ydach chi'n meddwl 'mod i'n rhy wan, ydach chi? . . . O . . . mi hoffwn i weld dy waed di a d'ymennydd di ar y bwrdd 'na. Mi hoffwn i weld dy hen geillia' di yn nofio mewn môr o waed fel 'na . . . 'rydw i'n meddwl y medrwn i yfed allan o dy benglog di; mi hoffwn i drochi 'nhraed yn dy fron di . . . ac mi fedrwn i fwyta dy galon di wedi ei rhostio . . . 'Rwyt ti'n meddwl

'mod i'n wan; 'rwyt ti'n meddwl 'mod i yn dy garu di — fod fy nghroth i yn awchu am dy had di; 'rwyt ti'n meddwl fod arna'i eisio cario dy epil di dan fy nghalon a'i fwydo fo efo 'ngwaed — esgor ar dy blentyn di a chymryd dy enw di. Gyda llaw, be' ydi dy enw di? 'Chlywais i 'rioed mo dy gyfenw di. Go brin fod gen' ti'r un . . . Mi f'aswn i'n 'Mrs Tŷ Cipar' neu 'Madam Cwt-ar-y-doman' — Ti, y ci, sy'n gwisgo fy ngholer i. Ti, y gwas, efo fy arfbais i ar dy fotymau di — 'roeddwn i i fod i dy rannu di efo fy nghogyddes. Cystadlu efo fy morwyn fy hun! O, o, o! 'rwyt ti'n meddwl 'mod i yn llwfr a bod arna'i eisio ffoi. Na! 'Rydw i am aros yma rŵan a gadael i'r storm dorri. Mae 'nhad yn dod adra' . . . mi welith ei ddesg wedi ei thorri'n agored . . . ei arian o wedi mynd! Yna mi ganith y gloch acw — ddwywaith am ei was — ac mi yrrith o am yr heddlu . . . ac yna mi ddeuda'i bopeth . . . bob dim! O, mi fydd hi'n fendigedig cael rhoi diwedd ar hyn i gyd . . . petai modd rhoi diwedd arno fo . . . ac mi gaiff 'nhad strôc a marw a dyna ddiwedd arnom i gyd . . . ac wedyn mi fydd 'na heddwch a thangnefedd . . . gorffwys tragwyddol. Yr arfbais yn cael ei thorri ar yr arch . . . llinach y Cownt wedi dod i ben . . . ond mi fydd llinach y gwas yn mynd yn ei blaen mewn cartre' i blant amddifaid, yn mynd o nerth i nerth yn y gwter a gorffen yn y carchar.

JEAN: Dyna'r gwaed brenhinol yn siarad! Go dda, Miss Julie! Ond cofiwch wthio'r hen felinydd o'r golwg mewn sach!
(*Y mae Kristin yn dod i mewn wedi ei gwisgo ar gyfer yr eglwys ac yn cario llyfr gweddi. Y mae Miss Julie yn rhuthro ati a'i thaflu ei hun i'w breichiau fel petai am iddi ei hamddiffyn.*)

MISS JULIE: Helpa fi, Kristin! Achub fi rhag y dyn 'na!
KRISTIN: (*Yn ddigyffro ac oeraidd*) Be' ydi'r holl lol 'ma ar fore gŵyl? (*Y mae'n edrych ar y bwrdd-torri.*) Be' ydi'r llanast mochaidd 'ma sydd gynnoch chi yn fan'na? Be' sy'n mynd ymlaen? A chitha' yn sgrechian a strancio . . .

MISS JULIE: Kristin . . . 'rwyt ti'n ddynes ac yn ffrind i mi. Gwylia'r hen gena' 'na!

JEAN: (*Yn anghyfforddus*) Tra ydach chi ferched yn trafod petha' 'rydw i am fynd drwodd i siafio.
(*Y mae'n sleifio allan i'r dde.*)

MISS JULIE: Rhaid iti 'neall i, a rhaid iti wrando arna'i.
KRISTIN: Na, 'dydw i ddim yn deall y fath fisdimanars. I ble ydach

	chi'n mynd yn eich dillad teithio? A dyma hwn efo'i het am ei ben . . . pam? Pam? yn daedd
MISS JULIE:	Gwranda arna'i, Kristin! Gwranda arna'i ac mi esbonia'i bopeth iti.
KRISTIN:	'Does arna' i ddim eisio gwybod dim . . .
MISS JULIE:	Rhaid iti wrando arna' i . . .
KRISTIN:	Be' sy? . . . y lol 'ma rhwng Jean a chitha, ia? Wel, 'does goblyn o ots gen i am hyn'na. Dim o 'musnas i. Ond os ydach chi'n meddwl eich bod chi am ei dwyllo fo i redeg i ffwrdd efo chi, mi rown ni stop ar hyn'na'n reit handi. sydyn
MISS JULIE:	(Yn nerfus iawn) Tria gadw'n dawel, Kristin, a gwranda arna'i . . . 'Fedra'i ddim aros yma a 'fedrith Jean ddim aros yma chwaith, felly mae'n rhaid inni fynd i ffwrdd.
KRISTIN:	Hm, hm!
MISS JULIE:	(Yn sirioli) Ond gwranda, 'rydw i newydd gael syniad — beth am i'r tri ohonom ni fynd i ffwrdd — dros y môr — i'r Swistir, ac agor gwesty efo'n gilydd — mae gen i arian, ti'n gweld — ac mi fedra' Jean a finna' redeg yr holl beth . . . a rhyw feddwl oeddwn i y medrat ti gymryd gofal o'r gegin . . . syniad gwych, ynte? . . . D'wed y doi di . . . Tyrd efo ni, ac mi fydd popeth wedi ei setlo. D'wed y doi di. (Y mae'n rhoi ei breichiau am Kristin a'i tharo'n ysgafn ar ei chefn.)
KRISTIN:	(Yn oeraidd a myfyrgar) Hm, hm.
MISS JULIE:	(Presto tempo) 'Dwyt ti erioed wedi teithio, Kristin — mi ddylat ti fynd allan i weld y byd. 'Does gen'ti ddim syniad y fath hwyl ydi teithio ar drên — wynebau newydd drwy'r amser . . . gwledydd newydd . . . Ac yna mi awn ni i Hamburg a galw heibio i weld y sŵ — mi f'aset ti wrth dy fodd yn gwneud hynny — ac yna mi awn ni i'r theatr a gwrando ar yr opera . . . a phan ddown ni i München mi fydd 'na amgueddfeydd yno, wy'st ti, a Rubens a Raphael a'r arlunwyr mawr 'na fel y gwyddost ti . . . 'rwyt ti wedi clywed am München, do? . . . lle'r oedd y Brenin Ludwig yn byw — y brenin aeth o'i go', wy'st ti — ac mi welwn ni ei gestyll o — mae ei gestyll o yno o hyd, yn edrych yn union fel cestyll chwedlau tylwyth teg . . . a 'dydi hi ddim yn bell o fan'no i'r Swistir — a'r Alpau, wy'st ti — meddylia am yr Alpau a'r eira arnyn' nhw a hitha'n ganol ha' — ac mae 'na orennau yn tyfu yno a llawryf sy'n wyrdd drwy'r flwyddyn . . . (Gellir gweld Jean yn yr ochr ar y dde yn hogi ei rasal ar ddarn o ledr y mae'n ei ddal rhwng ei ddannedd a'i law

chwith. Y mae'n gwrando'n foddhaus ar y sgwrs gan nodio ei ben i gytuno bob hyn a hyn.)

MISS JULIE: (Tempo prestissimo) Ac yna mi agorwn ni westy ac mi eistedda' i wrth y ddesg tra bydd Jean yn sefyll yno yn derbyn y teithwyr . . . mynd allan i ofalu am y busnes . . . sgwennu llythyra' . . . Dyna'r bywyd, coelia fi — trenau'n chwibanu, omnibuses yn dod, clychau'n canu o'r llofftydd, clychau'n canu o'r 'stafell fwyta . . . ac yna mi 'sgwenna' i y biliau ac mi wn i sut i'w halltu nhw hefyd . . . 'does gen'ti ddim syniad mor ofnus ydi'r teithwyr pan ddaw hi'n fater o dalu biliau — a thitha' wedyn — mi fyddi di'n eistedd yno yn feistres y gegin . . . wrth gwrs, 'fyddi di ddim yn sefyll wrth y stôf dy hun . . . mi gei di fynd o gwmpas wedi dy wisgo'n ddel ac yn dwt er mwyn i'r gwesteion dy weld di . . . efo dy harddwch di . . . a 'dydw i ddim yn ffalsio . . . mi fedret ti gael gafael ar ŵr ryw ddiwrnod . . . Sais cyfoethog, wy'st ti . . . maen nhw mor hawdd i'w . . . (yn arafu) . . . dal . . . ac yna mi ddown ni'n gyfoethog . . . ac mi adeiladwn ni villa ar Lyn Como . . . wrth gwrs, mae hi'n bwrw glaw dipyn yno weithiau . . . ond (y mae'n arafu fwy byth) mae'n debyg fod yr haul yn t'wynnu yno hefyd o dro i dro, er ei bod hi braidd yn dywyll . . . ac . . . yna . . . mi fedran ni ddod yn ôl adre' beth bynnag . . . a dod yn ôl . . . (saib) yma . . . neu i rywle arall . . .

KRISTIN: Ylwch, ydach chi'ch hun yn coelio hyn'na i gyd?
MISS JULIE: (Yn llesg) . . . 'Sgwn i ydw i'n ei goelio fo fy hun.
KRISTIN: Tybed!
MISS JULIE: (Wedi ymlâdd) 'Dwn i ddim; 'dydw i ddim yn credu dim byd bellach (Y mae'n suddo ar y fainc, a rhoi ei phen ar ei breichiau ar y bwrdd.) Dim! Dim byd o gwbl!

KRISTIN: (Yn troi i'r dde lle mae Jean yn sefyll) Felly wir, ac 'roeddech chi'n bwriadu ei heglu hi, oeddech chi?
JEAN: (A'r gwynt wedi mynd o'i hwyliau: y mae'n rhoi'r rasal ar y bwrdd.) Ei heglu hi? Deud go fawr. Mi glywaist ti gynllun Miss Julie, do? . . . ac er ei bod hi wedi blino rŵan ar ôl bod ar ei thraed drwy'r nos, mi f'asa' hi'n bosib rhoi cynnig arni hi.

KRISTIN: Rŵan, gwrand'wch. Oeddach chi'n disgwyl i mi fynd i wneud bwyd i rwbath fel'na?
JEAN: (Yn bigog) Defnyddia iaith weddus, os gweli di'n dda, wrth gyfeirio at dy feistres. Wyt ti'n dallt?

KRISTIN:	Meistres!
JEAN:	Ia.
KRISTIN:	Hy, gwrand'wch. Gwrand'wch arno fo mewn difri' calon!
JEAN:	Ia, a gwranda ditha', mi wnâi o les i ti, a siarad llai. Miss Julie ydi dy feistres di, ac mi ddylat ti ffieiddio at yr un peth ynot ti dy hun ag y buost ti'n ffieiddio ato fo ynddi hi.
KRISTIN:	Mae gen i gymaint o hunan-barch . . .
JEAN:	Fel y medri di ffieiddio at bobol eraill . . .
KRISTIN:	. . . fel na syrthia' i byth yn is na fy 'stad. 'Fedr neb ddeud fod cogyddes y Cownt wedi bod yn cyboli efo'r certmon neu'r dyn moch, na fedr?
JEAN:	Wel, mi lwyddaist ti i gael gafael ar ŵr bonheddig — mi fuost ti'n lwcus.
KRISTIN:	Ia, gŵr bonheddig sy'n gwerthu ceirch o stabal y Cownt . . .
JEAN:	Un dda wyt ti i siarad a thitha'n gwneud ceiniog neu ddwy ar gorn y neges ti'n 'i brynu yn y siop, ac mi 'rwyt ti yn cael cil-dwrn gan y cigydd hefyd.
KRISTIN:	Be' goblyn . . . ?
JEAN:	Ac amdanat ti . . . 'fedri di ddim parchu'r teulu sy'n dy gyflogi di bellach . . . ti o bawb!
KRISTIN:	Ydach chi am ddod efo fi i'r eglwys rŵan? Mae angen pregeth go lew arnoch chi ar ôl eich giamocs.
JEAN:	Na, 'dydw i ddim am fynd i'r eglwys heddiw; mi gei di fynd ar dy ben dy hun a chyffesu dy bechoda'.
KRISTIN:	Ia, mi wna' i hynny, ac mi ddo'i adre' efo maddeuant — digon i'r ddau ohonom ni. Mi ddioddefodd ein Gwaredwr a marw ar y Groes dros ein holl bechoda' ni, ac os awn ni ger Ei fron Ef â ffydd ac â chalon edifeiriol Efe a ddwg ein holl bechoda' ni.
JEAN:	Gan gynnwys y neges?
MISS JULIE:	Wyt ti'n credu hyn'na, Kristin?
KRISTIN:	Dyna 'rydw i'n ei gredu efo fy holl galon. Dyna fy ffydd i ers pan oeddwn i'n blentyn ac 'rydw i wedi ei chadw hi byth ers hynny, Miss Julie. 'Eithr lle yr amlhaodd y pechod, y rhagor-amlhaodd gras'.
MISS JULIE:	O, petai gen i dy ffydd di, o pe . . .
KRISTIN:	Ond, 'dach chi'n gweld, 'fedr neb gael hynny heb ras arbennig Duw, a 'dydi pawb ddim yn cael hwnnw.
MISS JULIE:	Pwy sydd yn ei gael o, felly?
KRISTIN:	Dyna'r dirgelwch mawr ynglŷn â threfn gras, Miss Julie . . . 'ac nid ydyw Duw dderbyniwr wyneb' . . . ac yno yr

	olaf a fydd flaenaf . . .
MISS JULIE:	Felly y mae ganddo Ef barch i'r olaf ?
KRISTIN:	*(Yn mynd yn ei blaen)* . . . ac y mae'n haws i gamel fynd drwy grau'r nodwydd nag i oludog fynd i mewn i deyrnas Duw. Fel'na mae hi, Miss Julie. Beth bynnag, 'rydw i am fynd rŵan — ar fy mhen fy hun — ac ar y ffordd mi ddeuda'i wrth y certmon am beidio â gadael i'r un o'r ceffyla' fynd allan, rhag ofn y bydd rhywun am adael cyn i'r Cownt ddod adre' — Da boch chi!
	(Y mae'n mynd allan)
JEAN:	Yr hen ast! A'r cwbl oherwydd rhyw linos werdd.
MISS JULIE:	*(Yn ddi-ffrwt)* Dim ots am y llinos — 'fedrwch chi weld unrhyw ffordd allan o hyn, unrhyw ddiwedd iddo fo?
JEAN:	*(Yn pendroni)* Na fedra'.
MISS JULIE:	Be' fyddech chi'n ei wneud petaech chi'n fy lle i?
JEAN:	Yn eich lle chi? Arhoswch rŵan. Petawn i'n fonheddig . . . yn wraig . . . wedi syrthio . . . 'Dwn i ddim . . . Na, gwn, mi wn i rŵan.
MISS JULIE:	*(Yn codi'r rasal ac yn gwneud ystum)* Fel hyn?
JEAN:	Ia! Ond 'faswn i fy hun ddim yn gwneud hyn'na, cofiwch. Dyna'r gwahaniaeth rhyngom ni.
MISS JULIE:	Am mai dyn ydach chi a dynes ydw i? Pa wahaniaeth ydi hyn'na?
JEAN:	Y gwahaniaeth sydd rhwng dyn a dynes.
MISS JULIE:	*(A'r rasal yn ei llaw)* Mae arna'i eisio gwneud! Ond 'fedra'i ddim! 'Fedrai 'nhad ddim ei wneud o chwaith y tro 'na pan ddyla' fo fod wedi ei wneud o.
JEAN:	Na — 'ddyla' fo ddim fod wedi ei wneud o. 'Roedd yn rhaid iddo fo gael dial yn gyntaf.
MISS JULIE:	A rŵan mae fy mam yn cael ei dial unwaith yn rhagor drwof fi.
JEAN:	'Wnaethoch chi erioed garu eich tad, Miss Julie?
MISS JULIE:	Do, mi wnes i, yn fawr iawn, ond 'rydw i'n sicr imi ei gasáu o hefyd . . . mae'n rhaid fy mod i wedi gwneud hynny heb sylweddoli. Ond fo ddaru fy magu i i ddirmygu fy rhyw fy hun, i fod yn hanner dynes a hanner dyn. Ar bwy mae'r bai am yr hyn sydd wedi digwydd? 'Nhad? Mam? Fi fy hun? Fi fy hun? 'Does 'na ddim 'fi fy hun'. 'Does gen i'r un syniad na chefais i mo'no fo gan fy nhad, dim teimlad na chefais i mo'no fo gan fy mam, a'r syniad ola' 'ma — fod pawb yn gyfartal, ganddo fo — fy nyweddi — y cefais i hwnnw

	. . . dyna pam 'rydw i'n ei alw fo'n gena'. Sut y medra' i fy hun fod ar fai? Rhoi'r bai i gyd ar Iesu Grist fel y gwnaeth Kristin? — na, 'rydw i'n rhy falch i wneud hynny, ac yn rhy glyfar, diolch i ddysgeidiaeth fy nhad. Ac am fod y goludog yn methu mynd i'r Nefoedd . . . celwydd ydi hyn'na, a beth bynnag, 'fydd Kristin a'r cele 'na sy ganddi hi yn y banc ddim yn mynd yno chwaith. Ar bwy mae'r bai? Be' ydi'r ots ar bwy mae'r bai? Fi fydd yn gorfod dwyn y bai a wynebu'r canlyniadau, beth bynnag . . .
JEAN:	Ia, ond . . . *(Y mae'r gloch yn canu'n egr ddwywaith. Neidia Miss Julie ar ei thraed; y mae Jean yn newid i'w lifrai.)* Mae'r Cownt wedi dod adra'! Be' tasa' Kristin wedi . . . *(Â at y tiwb siarad, curo arno a gwrando.)*
MISS JULIE:	Ydi o wedi bod at ei ddesg eto?
JEAN:	Jean sydd yma, syr. *(Yn gwrando; sylwer na all y gynulleidfa glywed yr hyn y mae'r Cowntyn ei ddweud)* Iawn, syr; *(yn gwrando)* Iawn, syr! Rŵan! *(yn gwrando)* Ar unwaith, syr! *(yn gwrando)* O'r gorau. Mewn hanner awr.
MISS JULIE:	*(Wedi cynhyrfu'n arw)* Be' ddeudodd o? Dduw mawr, be' ddeudodd o?
JEAN:	Gofyn am ei 'sgidia' a'i goffi ymhen hanner awr.
MISS JULIE:	Hanner awr, felly . . . O, 'rydw i wedi ymlâdd; 'fedra'i wneud affliw o ddim. 'Fedra' i ddim edifarhau, 'fedra' i ddim ffoi, 'fedra' i ddim aros, 'fedra' i ddim byw — 'fedra' i ddim marw. Helpwch fi rŵan. Rhowch orchymyn imi ac mi ufuddha' i fel ei. Gwnewch y gymwynas ola' 'ma i mi, achubwch f'anrhydedd i, achubwch ei enw da fo. Mi wyddoch chi be' y dylwn i fod â'r ewyllys i'w wneud, ond 'does gen i mo'r ewyllys i'w wneud o. Defnyddiwch chi eich ewyllys chi a rhowch orchymyn i mi i'w wneud o.
JEAN:	'Dwn i ddim — 'fedra'i ddim rŵan chwaith — 'dydw i ddim yn deall . . . mae fel petai'r gôt 'ma yn fy ngwneud i . . . 'fedra'i ddim rhoi gorchymyn i chi . . . a rŵan ers i'r Cownt siarad efo fi . . . rŵan . . . 'fedra' i ddim esbonio'r peth yn iawn . . . ond . . . y diawl gwas 'na sy' ynof fi. Mae o ar fy ngwar i . . . 'rydw i'n meddwl petai'r Cownt yn dod i lawr yma rŵan a rhoi gorchymyn imi dorri fy ngwddw y byddwn i'n gwneud hynny yn y fan a'r lle.
MISS JULIE:	Cymerwch arnoch, felly, mai y fo ydach chi ac mai chi ydw i — 'roeddach chi'n actio'n dda gynna' pan oeddach chi ar eich glinia' — chi oedd yr aristocrat bryd hynny . . . neu

39

	. . . ydach chi wedi bod yn y theatr erioed a gweld hypnotydd? . . . *(Y mae Jean yn amneidio i gytuno.)* Mae o'n dweud wrth y person 'Cymerwch yr ysgub'. Mae o'n ei chymryd; yna mae'n dweud 'Sgubwch', ac y mae yntau'n 'sgubo . . .
JEAN:	Ond y mae'n rhaid i'r person arall fod yn cysgu.
MISS JULIE:	*(Mewn perlewyg)* 'Rydw i yn cysgu'n barod . . . mae'r ystafell i gyd fel petai'n fwg o'm cwmpas i . . . 'rydach chi'n edrych fel stôf haearn . . . sy'n debyg i ddyn mewn du a het uchel ganddo fo . . . ac mae eich llygaid chi'n sgleinio fel marwor pan mae'r tân yn isel — a'ch wyneb chi yn gnapyn gwyn fel lludw . . . *(Erbyn hyn y mae pelydrau'r haul wedi cyrraedd y llawr ac yn tywynnu ar Jean.)* . . . O, mae hi'n gynnes a braf *(Y mae hi'n rwbio ei dwylo fel petai'n eu twymo o flaen tân.)* — Ac mor olau — ac mor dawel.
JEAN:	*(Yn codi'r rasal a'i rhoi yn ei llaw)* Dyna'r ysgub. Cerwch rŵan tra mae hi'n olau — allan i'r 'sgubor — a . . . *(Y mae'n sibrwd yn ei chlust.)*
MISS JULIE:	*(Yn effro)* Diolch. Rŵan 'rydw i'n mynd i orffwys! Ond deudwch hyn wrtha'i — y caiff y blaenaf hefyd dderbyn gras. Deudwch hynny — hyd yn oed os nad ydach chi'n ei goelio fo.
JEAN:	Y blaenaf ? Na, 'fedra' i ddim — ond 'rhoswch, Miss Julie, mi wn i rŵan . . . 'dydach chi ddim ymhlith y rhai blaenaf bellach . . . 'rydach chi ymhlith y rhai olaf.
MISS JULIE:	Mae hyn'na'n wir, 'rydw i ymhlith y rhai olaf. Fi ydi'r olaf un. O — ond rŵan 'fedra'i ddim mynd. Deudwch wrtha'i unwaith eto am fynd.
JEAN:	Na, 'fedra' i ddim rŵan chwaith. 'Fedra' i ddim.
MISS JULIE:	'A'r blaenaf a fydd olaf '.
JEAN:	Peidiwch â meddwl, peidiwch â meddwl. 'Rydach chi'n tynnu fy holl egni inna' a 'ngwneud i'n llwfr . . . Be' oedd hwn'na? 'Roeddwn i'n meddwl fod y gloch wedi symud . . . Na . . . 'gawn ni wthio papur i mewn iddi hi? . . . I feddwl fod ar rywun gymaint o ofn cloch yn canu. Ia, ond nid cloch yn unig ydi hi — mae yna rywun yn eistedd y tu ôl iddi — mae yna law yn ei symud hi — a rhywbeth arall yn symud y llaw — ond os caewch chi eich clustia' — os caewch chi eich clustia' — ia, wedyn y mae'n canu'n waeth nag erioed — yn canu a chanu nes i rywun ateb, a wedyn mi fydd hi'n rhy hwyr. Yna, mi ddaw'r heddlu a . . . *(Y mae'r gloch yn canu'n uchel ddwywaith. Y mae Jean yn crymu gan ofn ac yna'n ymsythu).* Mae'n erchyll. Ond dyna'r unig ffordd i roi

diwedd arni . . . Ewch!
(Y mae Miss Julie yn cerdded yn benderfynol allan drwy'r drws.)

LLEN

British Library Cataloguing in Publication Data
Strindberg, August (1849-1912)
  Miss Julie — (Dramâu'r Byd)
  1. Swedish Drama
  I. Title II Froken Julie. *Welsh*
  839.726

ISBN 0-7083-1105-9